はじめに

みなさん、こんにちは。

わっほーこと、プロゴルファーの岩男健一です。

僕は、千葉県にある太平洋クラブ成田コースの研修生を経て、2008年にプロテストに合格してプロゴルファーになりました。

実は、まっちゃんこと松本雄友くんも、少し前まで太平洋クラブ成田コースの研修生をしていたので僕の後輩に当たります。また、一緒にラウンドする機会も多かったのでよく知っている仲でした。

そんな折、コロナが流行りだして間もないころ、ゴルフレッスンやラウンドレッスンも控え気味でしたので、ゴルフ好きなみんなを元気づける何かをできないかと考えていました。

まっちゃんと一緒にゴルフへ向かう車の中で、「YouTube でもやる？」と軽いノリで聞いてみたところ、「わっほーさん、いいすね、ぜひやりましょうよ！」とまっちゃんも満面の笑顔で賛成してくれました。これが YouTube チャンネル「わっほーまっちゃんの日常」の始まりです。

ただ、YouTube にはゴルフチャンネルがたくさんあり、その多くがレッスン主体のものでしたので、僕たちはまず、ゴルフって楽しいんだよということを皆さんに伝えられたらいいなと思ったのです。そこで、普段の練習風景やラウンドの様子、試合後の報告など僕たちの日常をそのまま動画にしたのです。たまに真面目なこともしゃべったりしますが、ゴルフ場の池に大きなブラックバスがいるので、ラウンド後にまっちゃんと釣りをしたり、差し入れでいただいた美味しいうな重を二人で食べながら試合結果を報告したりと、賑やかにはしゃいでいるだけの動画もあります。

最初はまったく登録者数が伸びなかったのですが、ゴルフに明け暮れている僕たちの日常を一人でも多くの人たちに知ってもらおうと、ほぼ毎日撮影して必死に頑張って投稿してきました。すると、「わっほーさんがまっちゃんにレッスンする内容は、自分にも当てはまることばかりでわかりやすい」とか、「ミスして叱られても、毎回めげずに立ち直るまっちゃんの笑顔に癒される」といった声が寄せられるようになり、今ではたくさんの人に応援していただけるようになりました。本当にありがとうございます。

今回の本では、実際のラウンドを想定して、まっちゃんがラウンド中に巻き起こす「あるあるミス」の数々を取り上げて、それに対するレッスンを僕が解説しています。時間がなくても、ラウンド前に本書の吹き出し付きの写真を軽く見るだけで、実戦での注意点がすぐわかるようになっています。めげないまっちゃんの笑顔とともに、ぜひこの本を明日のゴルフにお役立てください。

プロゴルファー　岩男健一

第1章

スタート前の「あるある」レッスン

Betore The Round

スタート時間ギリギリに到着！ 焦れば焦るほどミスを連発！ ……………… 10

手首・ひじ・肩のストレッチ …………………………………………………… 12

肩甲骨と胸のストレッチ ………………………………………………………… 13

スタート前に3つのクラブで軽く練習する／わっほーさんのグリップ ……… 14

58°で50ヤードの距離感をつかむ ……………………………………………… 15

パターの握り方 …………………………………………………………………… 16

10ヤードのロングパット練習 …………………………………………………… 17

上りの練習／下りの練習 ………………………………………………………… 18

ゴルフカートで情報収集 ………………………………………………………… 20

第2章

スタートホール＆ロングホール（500Yパー5）の「あるある」レッスン

Starting Hole

スタートホールには5分前に到着　後ろの組を待たせない！ …………… 22

スタートホールでは軽く素振りして体をほぐす ……………………………… 24

わっほーさんゴルフコラム＃01 知っておきたいマナー編

打つ人の視界に入らない ………………………………………………………… 26

正しい立ち位置　離れた正面あたりや背中側に立つ ………………………… 27

Long Hole (500Y Par5) ティーショット

まっちゃん、マン振りしてスタートからOB？ …………………………… 28

ティーを低くして曲がりを少なくする ………………………………………… 30

ドライバーを短く持つ …………………………………………………………… 31

体の向きをスタンスに揃える …………………………………………………… 32

ドライバーは浮かして構える …………………………………………………… 33

構えたらすぐに打つ ……………………………………………………………… 34

わっほーさんゴルフコラム＃02 知っておきたいマナー編

打つときに大声で話さない ··· 35

　ティーショットのルーティン ·· 36

　ドライバースイング ·· 38

　まっちゃんのドライバーを直す ······································ 40

　ティーイングエリアを知る ·· 42

Long Hole (500Y Par5) セカンドショット地点（カート道）
カート道に止まったボールはどこから打てばいいの？ ············ 44

わっほーさんゴルフコラム# 03 知っておくと得するルール編
カート道に止まったボールの救済法 ·································· 45

Long Hole (500Y Par5) セカンドショット地点（ピンまで 280Y）
まっちゃん、まさかのチョロ！ 3W でなんと 60 ヤードしか飛ばず！ ····· 46

Long Hole (500Y Par5) ラフからのサードショット地点（ピンまで 220Y）
5I でラフからのショットはラフの抵抗に負けて左へ！ ············ 48

　振り方が重要ポイント ·· 49

　ラフからの打ち方 ··· 50

Long Hole (500Y Par5) フェアウェイ左からの 4 打目地点（ピンまで 160Y）
まっちゃん、絶好のライからまさかの大ダフリ！ ·················· 52

　6 番アイアンの正しい構え方 ·· 53

　胸とボールの距離を変えないようにスイングする ·············· 54

　右肩を前に出すと強い球が打てる！ ································· 56

　練習場で身につける 6I の正しい強い打ち方 ····················· 57

Long Hole (500Y Par5) フェアウェイからの 5 打目（ピンまで 120Y）
ウェッジでのショットは左に引っかけやすい！ ···················· 58

　ライン出しショットの基本 ·· 59

　9I での 120 ヤードのライン出しショット ························· 60

　9I での 130 ヤードのライン出しショット ························· 62

　9I での 140 ヤードのフルショットに近いライン出しショット ······ 64

Long Hole (500Y Par5) グリーン周りのアプローチ　6 打目（ピンまで 30Y）
まっちゃん、58°で球を上げて寄せようとしてトップ！ ·········· 66

　9I と 58°のランニングアプローチ ··································· 67

　9I のランニングアプローチ ··· 68

　58°のランニングアプローチ ·· 70

Long Hole (500Y Par5) グリーン右エッジからのアプローチ　7 打目（ピンまで 10Y）
グリーンエッジからの正しいクラブ選択は？ ······················ 72

5

ピッチエンドランのアプローチ ································· 73

58°でのピッチエンドランの打ち方 ··························· 74

まっちゃんもピッチエンドランに挑戦！ ······················· 76

Long Hole (500Y Par5) グリーン上のパット　8打目（ピンまで2Y）

まっすぐのラインなのにパットが曲がるのはなぜ？ ············· 78

フェースの向きの合わせ方 ·································· 79

まっちゃん、2ヤードをまっすぐ打つ練習に挑戦 ················· 80

わっほーさんゴルフコラム＃04 知っておきたいマナー編
グリーン上のピッチマークの直し方 ························· 82

第3章

ミドルホール（370Yパー4）の「あるある」レッスン

Middle Hole (370Y Par4) ティーショット

ティーマークの向きに惑わされるな！ ······················ 84

アドレスする方向を確認しよう ······························ 85

5Wの打ち方を学ぼう ····································· 86

あおり打ちのフィニッシュを解消する ························· 88

ドライバーを使った打ち方 ································· 90

Middle Hole (370Y Par4) つま先上がりからのセカンドショット（ピンまで170Y）

傾斜からのショットはミスが出やすい！ ····················· 92

まっちゃんがつま先上がりからミスした理由 ··················· 93

つま先上がりの打ち方 ····································· 94

つま先下がりの打ち方 ····································· 96

左足上がりの打ち方 ······································· 98

左足下がりの打ち方 ······································ 100

Middle Hole (370Y Par4) フェアウェイ左からのサードショット（ピンまで50Y）

ウェッジを使って50ヤードの距離をどう寄せる ··············· 102

58°で50ヤードの距離感を作る ···························· 103

ピン10ヤード手前から転がして寄せる ······················ 104

キャリーで5ヤード手前に落としてトントンと止める ············· 106

スピンをかけた高いボールでキャリーで止める ················· 108

Middle Hole (370Y Par4) バンカー越えの4打目（ピンまで25Y）
目の前のバンカーにも惑わされないアプローチとは？ · · · · · · · · · · · 110

1ヤードの振り幅はクラブヘッドがすねの高さ · · · · · · · · · · · · · · 111

アプローチの基本となる1ヤードの打ち方 · · · · · · · · · · · · · · · 112

Middle Hole (370Y Par4) バンカーからの5打目（ピンまで20Y）
バンカーではしっかり振っても飛ばないアドレスを作ろう · · · · · · · 114

バンカーショットの基本アドレス · · · · · · · · · · · · · · · · · · · 115

しっかり振っても飛ばないバンカーショット · · · · · · · · · · · · · 116

アゴの高いバンカーショット · 118

距離の長いバンカーショット · 120

大目玉のバンカーショット · 122

Middle Hole (370Y Par4) グリーン上6打目 (カップまで4Y)
まっちゃん、勘に頼ったパットで惜しくも左に外す！ · · · · · · · · · 124

傾斜の確認の仕方 · 125

スライスラインの打ち方 · 126

わっほーさんゴルフコラム# 05 知っておきたいマナー編
ディボット跡の直し方 · 128

第4章
ショートホール（170Yパー3）砲台グリーンの「あるある」レッスン

Short Hole (170Y Par3) ティーショット
まっちゃん、見事に砲台グリーンの罠にはまる · · · · · · · · · · · · 130

クラブの番手を上げ、グリーンセンターを狙う · · · · · · · · · · · · 131

番手をひとつ上げてコンパクトなスイングに · · · · · · · · · · · · · 132

アイアンでナイスショットを打つ方法 · · · · · · · · · · · · · · · · 134

Short Hole (170Y Par3) セカンドショット (ピンまで33Y)
高く上げることを意識しすぎてピンまで大ショートのミス · · · · · · 136

クラブのロフトが球を自然に上げてくれる · · · · · · · · · · · · · · 137

砲台グリーンのアプローチ · 138

Short Hole (170Y Par3) グリーン上のパット・3打目 (ピンまで20Y)
まっちゃん、傾斜を読み間違えてロングパットを大ショート！ · · · · 140

7

全体の傾斜の読み方 ……………………………………………………………… 141

ロングパットの距離とラインの合わせ方 ……………………………………… 142

Short Hole (170Y Par3) グリーン上のパット・4打目 (カップまで 5Y)
傾斜の読みが浅いとアマラインに外す …………………………………………… 144

傾斜が強いほど曲がり方も大きい ……………………………………………… 145

フックラインの正しい打ち方 …………………………………………………… 146

Short Hole (170Y Par3) グリーン上のパット・5打目 (ピンまで 1Y)
1 ヤードのパットこそ慎重に。「お先に！」はミスのもと ……………………… 148

1 ヤードのパットを読み切って見事カップイン！ …………………………… 149

1 ヤード打つパット練習 ………………………………………………………… 150

わっほーさんゴルフコラム＃ 06 ギア編　わっほーさんのお気に入りのパター オデッセイ「EXO 2-BALL（エクソー 2 ボール）」 ……………………………… 152

第5章
ラウンド「あるある」トラブルレッスン

風の強い日のトラブルレッスン ………………………………………………… 154

風がフォローの場合／風がアゲンストの場合 ………………………………… 155

雨の日のトラブルレッスン ……………………………………………………… 156

グリップの握り方 ………………………………………………………………… 157

ディボット跡のトラブルレッスン ……………………………………………… 158

ディボット跡からのショットレッスン ………………………………………… 159

フェアウェイバンカーのトラブルレッスン …………………………………… 160

アゴの高さとアゴまでの距離で番手を変えよう ……………………………… 161

林の中のトラブルレッスン ……………………………………………………… 162

林の中のトラブル 低いボール編／ボールを右に置くほど低い球筋になる … 164

林の中のトラブル フック編 …………………………………………………… 166

林の中のトラブル スライス編 ………………………………………………… 168

池（赤杭）に入ったボールの処置／ホールとⒶを結んだ後方線上にドロップ …… 170

Ⓐを基点とした救済エリア内にドロップ ……………………………………… 171

わっほーさんゴルフコラム＃ 07 ギア編　クラブセッティング ……………… 172

著者紹介 ………………………………………………………………………… 174

8

第1章

スタート前の「あるある」レッスン

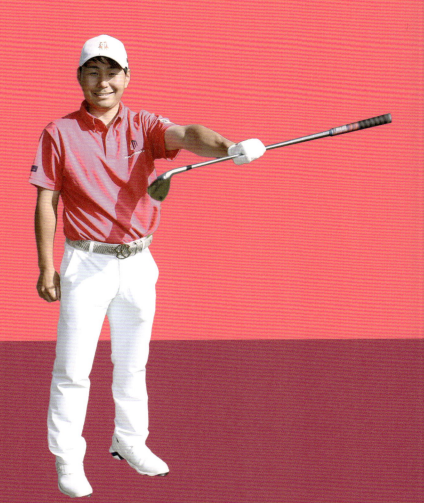

Before The Round　スタート前の心構えと注意点

Q.1 スタート時間ギリギリに到着！焦れば焦るほどミスを連発！

慌ててスタートホールに向かうも、焦って打った結果、連続してOB。挙句の果てにはその日のスコアはボロボロ！　というのは「あるある」話。気を付けよう！

わっほーさん(以下W)「まっちゃん、おはよ〜！もう汗かいてるけど走ってきたの？」
まっちゃん(以下M)「コン、コン、こんにちは、わっほーさん。寝坊したうえに、渋滞にはまりました！　すみません！」
W「不慮の渋滞なども考えて、スタート1時間前には到着するように出発しよう。エネルギー不足にならないように朝ごはんを食べ、ストレッチや軽い練習で体をほぐすことが、スムーズなスタートにつながるからね」
M「朝食を摂ることは夏の熱中症予防や冬の寒さ対策にもなるとトレーナーが言ってました。ストレッチもしておくんですね」
W「朝は体が硬くなっているから、急に力を

A. コースに早く到着して時間を有意義に使うとスコアも良くなる

プロでもコースに出る1時間前には到着して体を入念にストレッチしたり、レストランで食事した後、練習場で軽く球を打つのがルーティンワークだ。スコアアップを目指すアマチュアが見習うべきは、まずそこだ。

入れると筋肉や関節を痛めやすいんだよ。プロだって、朝はまずストレッチをして筋肉や関節を柔らかくしてから球を打つからね」
M「朝の練習で気を付けることは何ですか？」
W「いい球を打つのではなく、クラブの重さを感じながらゆっくりスイングすること。僕が使うのは58°8I、ドライバーの3本かな」
M「パッティングもしたほうがいいですよね？」
W「そうだね。まず10ヤードの距離感をつかむこと。それが朝のパッティング練習の基本だよ」

手首・ひじ・肩のストレッチ

❶写真のようにクラブのシャフトを握り、腕をまっすぐ前に伸ばす。そのままヘッドを体の外側に回転させる。❷手のひらが上になるまで回転させたら、今度は反対方向に回転させる。❸手のひらが下になるまで回転させたら同じ動きを左手右手各10回繰り返す。

肩甲骨と胸のストレッチ

❶クラブの両端を持ち、頭の上で両手を広げる。❷両手を伸ばしたまま深呼吸して、息を吐きながらクラブを背中のほうにゆっくりと落とす。❸今度は息を吸いながらゆっくり頭の上に戻す。繰り返し10回行う。短いクラブはきついので長めのクラブでもいい。

スタート前に 3 つのクラブで軽く練習する

「練習クラブは、58°、8I、ドライバーの 3 本でいいよ」

わっほーさん教えて Teach me, Wahho-san

わっほーさんの場合、スタート前の練習は 58°、8I、ドライバーの 3 本。球数は 30 球で、最初に 58°で 10 球、次に 8I で 10 球、ドライバーで 5 球、最後にまた 58°で 5 球。どの番手もフルショットはせず、ゆっくりとスイングして体をほぐすのが狙いだ。

わっほーさんのグリップ

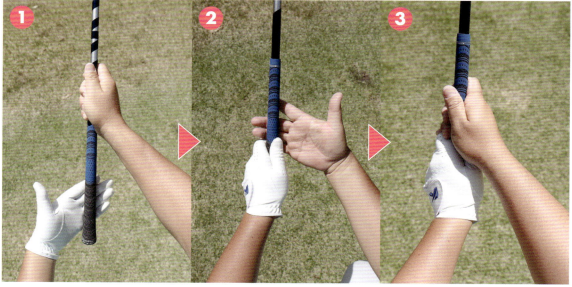

わっほーさんはミスに強いフェードヒッター。キャリー 260〜270Y、ランを入れると約 280Y が平均飛距離だ。フェードでも飛距離が出る秘訣は、❶左手は写真のような極端なストロング、❷右手はかなりウィークという、❸グリップ形にある。

58°で50ヤードの距離感をつかむ

最初に58°で10球打つ。フルショットをせずに、ゆっくり打って体をほぐすことも大切だが、ウェッジの場合は特に距離感が重要になる。❶〜❻を参照に自分の振り幅の大きさを意識しながら、50Yの距離感を練習でつかんでおくことが実践的だ。

パターの握り方

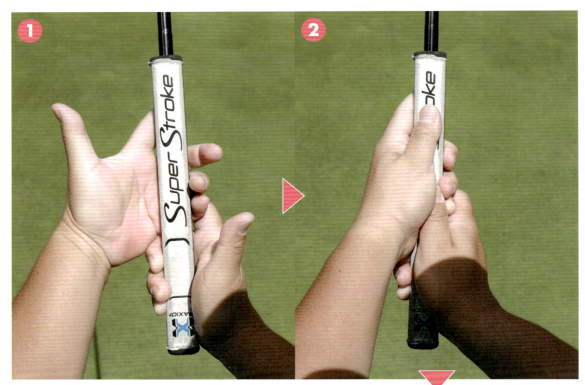

❶❷わっほーさんのパターの握り方はクロスハンドグリップ。左手を下にして左手で右手を包むようにして握る、左手主体のグリップだ。❸ヘッドの動きが安定し、フォローを低く出せるので芯でとらえやすくなり、フェースローテーションも抑えられるので真っすぐ打てる。

🔴 10ヤードのロングパット練習

10ヤードの距離感をつかもう！

朝のパット練習では、まずその日のグリーンの速さを把握することが大切だ。そのためにわっほーさんがお薦めするのは10Yの距離感を養うこと。振り幅で距離を調整する方法もあるが、上り下りによっても違ってくるので、自分の10Yの距離感をしっかりイメージできるようにしておこう。

🏌 上りの練習

❶❷まず平坦なグリーンで 10Y の距離のイメージがつかめたら、次は上りの傾斜の 10Y で試してみよう。

🏌 下りの練習

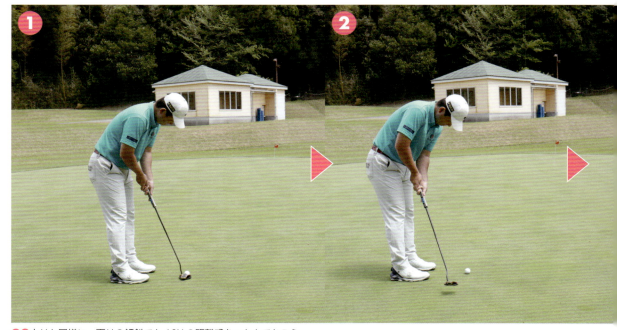

❶❷上りと同様に、下りの傾斜でも 10Y の距離感をつかんでおこう。

❸❹平坦なグリーンと同じ感覚で打ってみて、どれくらいショートするのかを把握しておくと実戦での距離感がつかみやすい。

❸❹下り傾斜は平坦なグリーンと同じ感覚で打つとかなりカップオーバーする。すると3パットの危険も出てくるので、より距離感を意識しよう。

ゴルフカートで情報収集

ゴルフカートには、GPSゴルフカートナビが搭載されていることが多く、コースの基本情報(距離、コースレイアウト、OB・1ペナエリア、グリーン、カップ位置など)が表示される。ピンまでの残り距離や、前の組のカート位置などもわかるのでプレーに役立てよう。

第2章
スタートホール＆
ロングホール（500Yパー5）の
「あるある」レッスン

Starting Hole スタートホールでの準備と注意点

Q.1 スタートホールには5分前に到着 後ろの組を待たせない！

スタートホールの大切な心構えは早めの準備。クラブの選択はもちろん、予備のボールやティーなども事前に用意して、プレーファストを心がけよう。

すみませ〜ん！プレッシャーがかかると急におなかがギュルルって！

W「まっちゃん、もうスタート時間だよ！」
M「すみません！ プレッシャーのせいか、急におなかが痛くなってちょっとトイレへ…」
W「生理現象は仕方ないけど、とにかく後ろの組を待たせるのはよくないからね。ティーグラウンドに立った後でクラブを取り換えにカートに戻るとかよく見かける光景だよね」
M「OB打って予備のボールを慌てて取りに行ったり、ティーをポケットに入れ忘れることもありますね」
W「プレーファストのためにも、必要なものはポケットなどに用意しておこうね！」

A. ポケットなどに入れる必要アイテムは スタート前に確認しておこう

スタートホールでは、試合慣れしたプロでも何が起こるかわからない。アマチュアならなおさら、普段の練習では考えられないようなミスショットも起こりえる。そんな時に慌てないためにも事前の準備が必要だ。

まっちゃんがスタート前にポケットに用意しているアイテムの数々。左から、ボール2個、ロングティー2本、ショートティー2本、グリーンフォーク、ボールマーカー2(ピンあり1、なし1)、距離計測計&ケース。

スタートホールでは軽く素振りして体をほぐす

❶ 52°、58°のウェッジ（SW・PWなどでも可）を、写真のようにヘッドを逆さまにして持つ。❷軽く左足前に振り下ろしてから、反動をつけてバックスイングする。

❸反動でトップの位置まで持ってきたら、ゆっくりスイングする。❹フィニッシュは手が頭の位置くらいまでの高さで十分。スイング中はクラブの重さを感じるくらいのゆっくりとしたスイングを意識して行う。

わっほーさんゴルフコラム #01　知っておきたいマナー編

打つ人の視界に入らない

ティーイングエリアでは、❶打つ人の後ろに立つと視界に入り、また、❷打つ人のすぐ近くに立っても視界に入るので、気になってしまう。こういった位置に立つのはマナー違反になるので気をつけよう。

正しい立ち位置
離れた正面あたりや背中側に立つ

ティーイングエリアでの正しい立ち位置は、❶打つ人の視界に入らない離れた位置の正面あたり、❷打つ人から少し離れた背中側となる。この位置に立つように心がけよう。

Long Hole (500Y Par5) ティーショット

Q.2 まっちゃん、マン振りしてスタートからOB？

「OBいっちゃダメぇー！」

M「わあ〜、やっちゃいました！」
W「飛ばそうと意識しすぎて、力が入りすぎだよ。フィニッシュが取れないほどマン振りしてはダメ！」

M「スタートホールでは、何に気を付ければいいんですか？」
W「無理に飛ばそうとせず、球を曲げない工夫もしておくといいよね」

右OB、左レッドペナルティーエリアのスタートホール

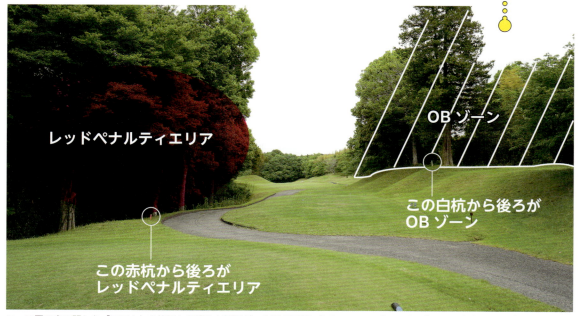

コース図の中に記した「ココ！」の位置から眺めた風景が、上記の写真になる。ティーグランドに立つと、左右の木立がせり出していて視覚的に狭く感じるため、かなりプレッシャーがかかる。

A. スタートホールは出球を曲げないように気を付けよう

スタートホールに立った途端、頭が真っ白になってどうやって打ったかわからないままOB！というケースは、アマチュアあるある。まず自分の球筋とボールの方向をイメージして、出球を曲げないように意識しよう。

まっちゃんはドローボールヒッターなので、右の林に当たらない方向を狙って構える。その場合、ティーイングエリアのもっと左に立ったほうが空間を広く使えることも頭に入れておこう。

わっほーさんはフェードヒッターなので、左の林に当たらない方向を狙って構える。その場合は、右のティーマーク近くに立ったほうが空間を広く使える。

ティーを低くして曲がりを少なくする

ティーが高すぎると曲がりが大きくなるよ

ボールをドライバーヘッドと同じくらいの高さにしよう！

ティーショットでOBまで行くような大きな曲がりを防ぐために、まず気をつけたいのがティーの高さ。ティーが高すぎるとそれだけボールの曲がり幅も大きくなるので、ドライバーのクラブヘッドと同じくらいの高さに揃えよう。ボールの下を打って、上にあがるテンプラも防げる。

ドライバーを短く持つ

飛ばそうとして目一杯長く持ってました！

グリップが見えるくらいに短く持とう！

スタートホールのティーショットでグリップを長く持ちすぎると、無理な力が入りやすくなる。その結果、振り幅が大きくなり、ボールを芯でとらえるのが難しくなってしまい、ボールが曲がり、飛距離も出なくなる。グリップを指2本分くらい短く持つことで、スイングがコンパクトになり、芯にも当たりやすくなるので、ボールが曲がりにくくなる。

体の向きをスタンスに揃える

特にドライバーで重要なのは体の向きをスタンスに揃えること。まず、❶肩・胸の向きを揃える。次に、❷腰の向きを揃える。そして、❸ひざの向きを揃える。構えた後に目標を何度も確認していると、肩が右を向きやすくなるので注意しよう。

ドライバーは浮かして構える

ボール半分くらい浮かす

ドライバーを地面に置いて構えると、自然と地面を押すような力が加わるので足や体が固まりやすくなる。ヘッドを少し浮かす動作を加えることで腕の力が抜け、スイングの始動のリズムもつかみやすくなる。浮かす目安はボール半分くらいだ。わっほーさんの場合は、アイアンでも少し浮かして構える。

🏌 構えたらすぐに打つ

バックスイングは息を吐きながら！

フゥー

構えてからじっとしていると、緊張感がどんどん高まり、ますます動きにくくなる。構えたらすぐにバックスイングに入るようにしよう。その際、わっほーさんは手首を軽く揺らすワッグルを始動のきっかけとして、軽く息を吐きながらバックスイングする。息を吐くことで重心が下がり、体が安定する。反対に息を吸うと体の重心が浮いて、足が地につかなくなるので注意しよう。

わっほーさんゴルフコラム #02　知っておきたいマナー編

打つときに大声で話さない

ティーイングエリアで打つ順番を待っている間に、つい話に夢中になり、プレーヤーがアドレスに入っているのも気付かず大声でしゃべるのはマナー違反。他のプレーヤーが打つときは、プレーに集中できるよう声や音を出さないように注意しよう。

ティーショットのルーティン

❶まずティーイングエリア後方に立ち、自分の打ち出したい方向をしっかり確認し、ボールを置く位置を決める。❷わっほーさんはフェードヒッターなので、ティーは右めのティーマーク近くに刺すことが多い。❸ティーを刺した後、もう一度ボール後方に下がる。

❻同じ場所で、もう一度軽く素振りをする。❼歩きながら、しっかり左めからフェードで打つことを意識して、ボールの弾道をイメージする。

❹再度、打ち出す方向を確認する。左に林がある場合は、林の上か林の右側を狙うかを決める。同時に風の向きや強さも計算に入れる。
❺その場所で軽く素振りを1回する。

❽スタンスを取りながら、肩、胸、腰、ひざの向きを同じように揃える。❾ボールの前にイメージしたスパット(芝などの目印)にフェースの向きを合わせる。❿構えたら、ヘッドを少し浮かせてからバックスイングに入る。これを毎回同じように行うことで、スムーズなアドレスが取れるようになる。

ドライバースイング

❶

❶クラブは長くなるほど方向性が出しづらくなり、狙ったところに飛ばないことが多々ある。わっほーさんはフェードに特化したスイングにすることで、飛距離が280ヤード以上出るにも関わらず、曲がり幅が少なくなり、フェアウェイを安定してキープできるようになった。

❷左手を極端なフックグリップにして（P.14参照）、スイング中は常に左手の甲側に圧を感じながら、クラブが自分の手よりも常に前にあるイメージで振ろう。同時に、手元が近くなるイメージで振ると、フォロー時の手元も低くなりヘッドが高く上がるので、わっほーさんのような強いフェードボールが打てるようになる。

まっちゃんのドライバーを直す

❶まっちゃんが打ったドライバーショットは振り遅れた影響で、持ち球のドローボールではなく、スライスして右のOBエリアの方向へ。原因は右腰が早く回りすぎているからだ。❷わっほーさんは、右腰の回転を遅らせるためには、ダウンスイングでの前傾姿勢をもっと深くするように指導。

❸ダウンスイングでの前傾を深くすることで右腰の回転が遅くなり、その結果、右腰がしっかり入ってくるので体が浮き上がらず、力強いインパクトの形が生まれる。同時に、意図的にボールの手前でヘッドを地面にワンタッチさせるイメージを持つことで、体の浮き上がりがさらに抑えられる効果がある。

ティーイングエリアを知る

赤線の枠内だとOK！

2クラブレングス以内

ティーイングエリアからのティーショットは、左右のティーマーカーの先端を結んだ線の内側、奥行きはその線から2クラブレングス後方までの四角い区域内で打つことがルールで定められている。この区域内にボールがあれば、どこからでもショットを行うことができる。

左右のティーマーカーの先端を結んだ線から外にボールを置いて打った場合は2ペナルティとなり、正しい区域内からの打ち直しが必要となる。これは俗に「でべそ」と呼ばれるルール違反だ。

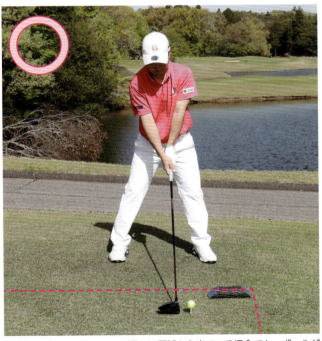

スタンスがティーショットの正しい区域から出ている場合でも、ボールが正しい区域内にあれば問題なく打つことができる。ティーイングエリアに平坦な場所が限られている場合や、左ギリギリの位置からドローボールを打ちたい場合にこのルールを有効活用しよう。

43

Long Hole (500Y Par5)　セカンドショット地点（カート道）

Q.3 カート道に止まったボールはどこから打てばいいの？

W「まっちゃんが最初に打ったボールは右の林のほうに飛んで行ったけど、先のカート道にもボールがあるよ。ちょっと見てきたら？」
M「わっほーさん、なんと僕が打った1球目です。木に当たって跳ね返ったんですね。超ラッキー！」
W「カート道に止まったボールはジェネラルエリアに動かせるけど、右と左じゃライの状況が大違いだね」
M「右はつま先上がりでラフ、左は平坦な浅いラフ。絶対に左のほうが打ちやすいですよ」
W「でも、ボールは道の右寄りにあるからね。さてどちらから打つのが正解か、ルールを確認してみよう」

ニアレストポイントの決め方

元のボールの位置に近いほうがニアレストポイントになるよ！

右のニアレストポイントは、A地点のボールからホールに近づかず、ジェネラルエリア内でボールをドロップできる最も近い位置（B地点）となる。同様に、左のニアレストポイントもホールに近づかないA地点から最も近い位置（C地点）となる。よって、A地点に最も近いほうのC地点が正しいニアレストポイントとなる。

わっほーさん ゴルフコラム #03　知っておくと得するルール編

カート道に止まったボールの救済法

ニアレストポイントCが決まったら、❶Cを起点にして、実際に打つクラブでホールに近づかないようにして、ワンレングス以内のドロップ場所を確認する。❷その範囲内でひざの高さからボールをドロップする。❸範囲内に止まればインプレーのボールとなる。もし2回ドロップしても傾斜などで範囲内に止まらない場合は、2回目の最初に落ちた地点にボールを置く。

Long Hole (500Y Par5) セカンドショット地点（ピンまで280Y）

Q.4 まっちゃん、まさかのチョロ！3Wでなんと60ヤードしか飛ばず！

W「まっちゃん、3Wなのに振りすぎるから、アッパー軌道になってクラブヘッドが浮くんだよ」
M「飛ばそうと思うとどうしても力が入ってしまうんです」
W「ピンまで届かない距離なんだから、アイアンで刻むなどのクラブ選択も考えるべきだね」

救済を受けた後のセカンドショット地点からの風景

180ヤード先の左右には木が張り出していて、そのすぐ奥は左右ともレッドペナルティエリア。さらに200ヤード地点のフェアウェイにはクリークが横切るレッドペナルティエリアもある。3Wを使うと左右に大きく曲がる危険があるだけでなく、ナイスショットでもレッドペナルティエリアに入る可能性が高い。そのため、ただ飛ばすだけでなくアイアンで刻むことも選択肢に入れよう。

A. 3Wを打つ場合は力を入れるポイントが大切

長いクラブはアイアンに比べてヘッドが軽くなるため、力を入れて振るほどヘッドが浮いてしまう。まず、グリップを少し短くして柔らかく握る。そしてボールに当たる直前にグリップを強く握り、力を入れるのがポイントだ。

❶スタンス幅はバランスが崩れないように肩幅より2足分広めにとる。ボール位置は体の中央よりボール1個分左にし、クラブヘッドは体の正面に構える。❷体重配分は5：5。右に体重を乗せすぎるとアッパー軌道になり、ダフリやすい。逆に左に乗せすぎるとダウンブローになりすぎてエッジが刺さりやすい。❸インパクト付近で力を入れる。❹フィニッシュが取れるくらいの力加減で最後まで振り抜く。

Long Hole (500Y Par5) ラフからのサードショット地点（ピンまで220Y）

Q.5 5Iでラフからのショットはラフの抵抗に負けて左へ！

「ラフに負けたかぁ…」

M「わっほーさん、芝に負けました！ 60ヤードしか飛んでません」
W「ラフの深さによって芝の抵抗が変わってくるから、クラブ選択が大事だね。ボールがすっぽり隠れるくらいのラフだと5Iは難しい。8Iか9Iが無難だったね」
M「先に教えてほしかったです！」

サードショット地点・ラフからの風景

ピンまで220ヤードだが、120ヤード先の左右の木の奥や、140ヤード先のフェアウェイにはクリークがあり、そこはレッドペナルティエリアとなっている。たとえ5Iでうまく打てたとしても、ラフに食われてレッドペナルティエリアに入る可能性もあるので、ボールをコントロールできる番手を選ぼう。

A. ラフに入った場合は深さによって番手を変える

ラフからのショットは、まずラフの深さを確認しよう。ボールが浮いていたり、半分くらい見えている場合は、通常のクラブでOK。ボールが頭まですっぽり隠れている場合は、8I、9Iを使おう。

⛳ 握り方が重要ポイント

クラブは短くしっかり握る！

わっほーさん
Teach me, Wahho-san
教えて

ボールの頭が隠れるほどのラフは芝の抵抗が強いので、その抵抗に負けないように8Iでも短く持って、グリッププレッシャーを少し強めにすることがポイントだ。

ラフからの打ち方

❶8Iを短く持って、グリップをしっかり握る。スタンス幅は肩幅くらいで、振り抜きやすくするため左足を少しオープンにして、ボールの位置は通常通り中央に構える。❷芝の抵抗を少なくするために、フェースは少しだけ開いて、コンパクトなトップにする。

❸ダウンスイングでは、芝の抵抗を受けないように上から打ち込むことを意識する。インパクトでは芝の抵抗に負けないように、グリップをさらに強く握る。❹ボールを狙った方向に打ち出すためには、大振りせずにフィニッシュもコンパクトに収める。

51

Long Hole (500Y Par5) フェアウェイ左からの4打目地点（ピンまで160Y）

Q.6 まっちゃん、絶好のライから まさかの大ダフリ！

M「すいません！ダフりました！」
W「まっちゃん、大ダフリした原因は何だと思う？」
M「絶対ピンに寄せてやろう！　として力が入ったんですかね」
W「力みもあるけど、今のは右肩が止まって、クラブが下から入ってる。右肩の使い方の問題だね」

フェアウェイからの4打目の風景

ピンまで160ヤードの絶好の位置からの4打目。左右のレッドペナルティエリアもさほど気にならず、ボールのライも良好なフェアウェイ。

A. 右肩が止まると下からのすくい打ちになるからダフる

練習場ではうまく打てるのに、コースでは打てないのはなぜか？ 練習場のマットはダフってもソールが滑るのでボールは飛ぶが、コースではダフるとクラブが地面に刺さるのでボールが飛ばない。その多くの原因が、右肩が止まることによる下からのすくい打ちだ。

🏌 6番アイアンの正しい構え方

❶ボールの位置は体の中央
❷グリップ位置は、ややハンドファースト
❸左つま先は少しオープン

スタンス幅は肩幅くらいで、ボールを体の中央の位置に置く。グリップエンドは左股関節方向を指し、ややハンドファーストの構えとなる。左足つま先を少しだけオープンにすると、振り抜きが良くなる。

胸とボールの距離を変えないようにスイングする

まっちゃんは自分では上から打っているつもりなのに、飛ばそうとしてトップで体が伸び上がり、ダウンスイングでは反動で体があおむけになるので右肩が止まり、クラブが下から寝て入っていた。わっほーさんのように、❶力みのない構えから、❷コンパクトなトップを目指そう。

スイング中は胸とボールの距離を変えない

❶❷構えてトップからの切り返しの際には、ボールと胸の距離を同じように保つことを意識しよう。これにより、トップでの体の伸び上がりも防ぐことができる。

インパクトでひざ、腰、胸、肩がそろって正面を向いていると、スイングが詰まって体が伸び上がるしかなくなるので、ダフってしまう。❸インパクトの姿勢は下半身が多く回り、肩も少し開き気味にする。❹クラブが振り抜けるスペースが生まれるので、右肩も回しやすくなる。

❸胸とボールの距離を保ったままでインパクトを迎えると、右肩も落ちずにスムーズに回転することができる。❹インパクト後は、そのまま右肩を前に出し、目標方向に向けることを心がけよう。

🏌 右肩を前に出すと強い球が打てる!

まっちゃんは、右肩を回さず手だけで打っているのでダフリや飛距離不足のミスが出ている(写真上)。わっほーさんは、右肩をもっと前に出すように体を回して、フィニッシュでは右肩が目標方向を向くように指導。フィニッシュの後には、自然と前に歩き出すイメージを持とう。

練習場で身につける6Ⅰの正しい強い打ち方

右肩が前に出ると強いボールになるよ！

練習場でボールを打つ際、ボールを低くティーアップして、マットを打たずにボールだけを打つ練習から始めよう。右肩を前に出すイメージがないと、ティーアップしてもマットを叩いてしまう。ボールだけ打てるようになったら、❶❷今度はマットの上に置いて試そう。❸❹マットを叩かず、右肩を前に出すイメージがつかめれば、強いボールが打てるようになる。

Long Hole (500Y Par5) フェアウェイからの5打目（ピンまで120Y）

Q.7 ウェッジでのショットは左に引っかけやすい！

「ひっかけたぁ！」

M「ベタピン狙いが大失敗です！」
W「クラブが短くなるほどフェースは左を向くので、大振りすると引っかかりやすいんだよ」

M「ＰＷでギリギリの距離だったので、目一杯振りました」
W「そんな時は番手を上げて、ライン出しショットが有効だよね」

フェアウェイ5打目地点からの風景

フェアウェイからピンまで残り120ヤード。右や前にあるレッドペナルティエリアはさほど気にならないが、グリーン奥のＯＢゾーンには気をつけたい。安全策としては、グリーン手前から狙うのがベストだ。

A. 9Iでのライン出しショットなら 120ヤードの距離も安心して打てる

ウェッジでのフルショットは左に飛びやすいので、番手を上げてライン出しショットができると短い距離でも安心して打てるようになる。9Iを使った、120ヤード、130ヤード、140ヤードのライン出しショットを覚えよう。

🏌 ライン出しショットの基本

体を回転させてボールを打とう！

ライン出しショットでよくある間違いは、ボールをまっすぐ飛ばそうとして目標に向かって手を出そうとすることだ。手ではなく、❶～❹の写真のように、まずはしっかりと体を回転させてボールを打つことを意識しよう。

9Iでの 120 ヤードのライン出しショット

1 ボール位置は体の中央。フェースは少し開く

2 小さい振りはリズムが早くなるので気をつけよう

❶スタンス幅は肩幅よりやや狭め。ボール位置は体の中央に置き、フェースをやや開いて構える。グリップエンドは左股関節方向に向け、左足はややオープンにして立つ。❷ 120 ヤードのスイングはグリップの位置が胸から胸までが目安だが、振りが小さくなるとリズムが早くなりがちなので、バックスイングの高さはあまり意識しすぎないことが大切。

❸リズムよく体の回転を使って、インパクトでも緩めずにスイングする。❹体の回転を使ってスイングした後、フィニッシュはグリップを胸の高さでしっかりと止めることがポイントだ。

9Iでの130ヤードのライン出しショット

❶スタンス幅は肩幅くらいにする。後は120ヤードと同じで、ボール位置は体の中央、フェースをやや開き、グリップエンドは左股関節方向に向け、左足はややオープンにして構える。❷130ヤードのスイングでは、グリップの位置が肩から肩までが目安となる。

❸スイング幅が少し大きくなるが、同じように体の回転を使って打つ。❹フィニッシュではグリップを肩の高さでしっかり止める。手だけで抑えようとするとボールは左に飛ぶので、体全体を使って抑えるようにしよう。

9Iでの140ヤードのフルショットに近いライン出しショット

❶スタンス幅は130ヤードと同じく肩幅くらいにする。フェースは開かずに真っすぐに構え、ボール位置は体の中央、グリップエンドは左股関節方向に向け、左足はややオープンにして立つ。❷140ヤードのスイングではグリップの位置が顔から顔までが目安となる。

❸スイング幅がさらに大きくなるが、手を使う意識は持たずに、体の回転を意識してスイングする。❹スイングは緩めずに、フィニッシュではグリップを顔の高さまでしっかり上げて止める。

Long Hole (500Y Par5) グリーン周りのアプローチ　6打目（ピンまで30Y）

Q.8 まっちゃん、58°で球を上げて寄せようとしてトップ！

W「まっちゃん、ここはピンまで障害物もないし、傾斜もほとんどないんだから、転がしでしょ」
M「そう思ったんですが、ついカッコイイところを見せようと…」
W「球を上げてツツッと寄せる打ち方もあるけど、まずは安全なランニングアプローチで行こうよ」

グリーン周りの6打目地点からの風景

ボールからグリーンエッジまで10ヤード、ピンまで20ヤード。バンカーなどの障害物や傾斜もほとんどないアプローチ。

A. 振り幅が小さい
ランニングアプローチがお薦め

ピンまで30ヤード以下で、障害物や傾斜がない場合はランニングアプローチがお薦めだ。ボールを上げる場合は振り幅が大きくなるが、ランニングアプローチは振り幅が小さいので、トップなどのミスをしても、大きなミスになりにくい。

9Iと58°のランニングアプローチ

9Iと58°の30ヤードのランニングアプローチの大きな違いは、キャリーとランの比率にある。平坦な場所での9Iでは、キャリー2：ラン8くらい。58°では、キャリー6：ラン4くらいの割合になる。

9Iと58°で打つ際、上の写真を見比べるとボールの位置に違いがあることに注意しよう。9Iはボールの位置が両足の中央付近だが、58°は右足寄りにセットするのがポイントだ。

9I のランニングアプローチ

❶スタンス幅は狭めにし、ボール位置を両足の中央に置いた後、両つま先を少し左に向ける。フェースはスクエアにして、グリップエンドは左股関節前にセットする。❷体重配分は5：5。ボールは自然に転がるので、左足に体重を乗せる必要はない。

❶スタンスはややオープンにするが、胸の向きはスクエアに保つ。❷左右の体重移動は意識しない。

❸クラブの振り幅はひざ上からひざ上くらいの小さい振り幅なので、トップしても大きなミスになりにくいという。❹ピンまで30ヤードの場合、キャリーは6～7ヤード、ランは23～24ヤードくらいの割合だ。グリーン上で長く転がすときに最適なショットだ。

❸重心が後ろにかかると、すくい打ちになりやすい。スイング中は重心を拇指球に乗せることを意識すると、クラブがダウンブローに下りてきてミスが減る。❹フォロースルーは、フェースをターゲット方向にしっかり向けることがポイント。

58°のランニングアプローチ

❶スタンス幅は狭めにし、ボールを右足かかとの前方に置いた後、両つま先を少し左に向ける。フェースはスクエアにして、グリップエンドは極端なハンドファーストにせず、左股関節前にセットする。❷体重配分は左6：右4で、左足体重にする。

❶アドレスでグリップエンドを左股関節前に向けたハンドファーストの構えができたら、スイング中は右手の角度を変えないように意識する。❷スイング中は胸をしっかり回すことも忘れないように。

❸クラブの振り幅は腰から腰くらいで、スイング中は胸を低く保つことで、クラブが上からスムーズに下りてくるので、ダフリなどのミスを防ぎやすい。❹ピンまで30ヤードの場合は、キャリーが約18ヤード、ランが12ヤードくらいの割合だ。グリーンエッジまでの距離が長い場合にこのショットを選択しよう。

❸両つま先を少し開くとフォロー側にスペースができるので、❹フェース面をターゲット方向に出しやすくなる。つま先を開かないで打つと、フォローで詰まりやすくなるので気を付けよう。

Long Hole (500Y Par5) グリーン右エッジからのアプローチ 7打目（ピンまで10Y）

Q.9 グリーンエッジからの正しいクラブ選択は？

M「わっほーさん、残り10ヤードなのに、2ヤードもオーバーしました！」
W「パターは安全だけどグリーンまでの芝の抵抗を読むのが難しい。強く打つとオーバーしやすいしね」
M「やっぱ、ウェッジかぁ！」
W「グリーンに直接落としたほうが距離感をつかみやすいからね」

グリーン右エッジからの風景

グリーンエッジまで3ヤード。パターで打つと安全だが、芝の抵抗の強さによって距離感が変わってくるので、距離を合わせるのが難しい。

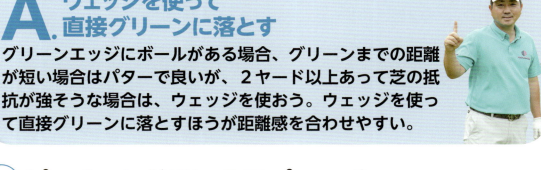

A. ウェッジを使って直接グリーンに落とす

グリーンエッジにボールがある場合、グリーンまでの距離が短い場合はパターで良いが、2ヤード以上あって芝の抵抗が強そうな場合は、ウェッジを使おう。ウェッジを使って直接グリーンに落とすほうが距離感を合わせやすい。

🏌 ピッチエンドランのアプローチ

ピンまでの距離は10ヤードで、グリーンエッジまでが3ヤード、エッジからピンまでが7ヤードの場合は、ボールを転がしたり高く上げたりする必要はない。58°のウェッジを使い、ロフト通りに打って、ボールを少し上げて転がす「ピッチエンドラン」という、基本的なアプローチで寄せよう。

58°でのピッチエンドランの打ち方

左肩から左腕、クラブが一直線になる

❶スタンス幅を狭くしてボールを両足の中央に置いた後、両つま先を少し左に向ける。フェースはスクエアにして、グリップエンドを左股関節前にして構える。左肩から左腕、クラブが一直線になっていることを確認する。❷左腕とクラブを連動させながらバックスイングする。

❶肩と両腕で三角形を作り、右手の角度を変えないようにスイングすると手打ちにならない。❷体の回転でボールを打つ意識を持とう。

❸左腕とクラブの一体感を保ちながら、スイング中は肩と両腕の三角形を崩さないように意識する。❹フィニッシュの振り幅はバックスイングと同じ大きさに揃える。

❸グリーンまでの距離が遠くなるほど、振り幅も大きくなる。❹振り幅をイメージして、グリーンまでの距離感をしっかりつかもう。

🏌 まっちゃんもピッチエンドランに挑戦！

76

Long Hole (500Y Par5) グリーン上のパット 8打目（ピンまで2Y）

Q.10 まっすぐのラインなのにパットが曲がるのはなぜ？

M「たった2ヤードを外しました！」
W「もったいないなー。でもまっちゃん、構えた時のフェースの向きが少しおかしかったよ」

M「左向いてたんですかねえ？」
W「アドレスでフェースを打ちたい方向にまっすぐに向ける！ これがショートパットの極意だね」

ショートパットを残したグリーン上の風景

傾斜のない平らなグリーンで、残り2ヤードのショートパット。まっすぐ打てれば入るラインだが…。

A. アドレスでのフェースの向きをしっかりとチェックしよう!

ショートパットでは、とにかくアドレスが重要だ。打ちたい方向に向かってフェースをまっすぐに合わせる。そのまままっすぐ打てれば、多少の傾斜が少々あってもショートパットにはそれほど影響しない。

🏐 フェースの向きの合わせ方

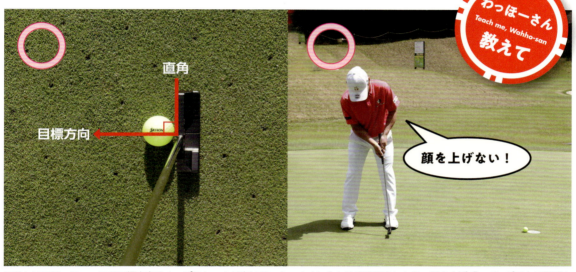

アドレスでは、フェースを目標方向のカップにしっかり向けて、まっすぐに合わせる練習をしよう。顔を上げず、インパクトの瞬間もフェースがまっすぐかを意識して打ってみよう。続けて5球入るまで、繰り返し練習する。

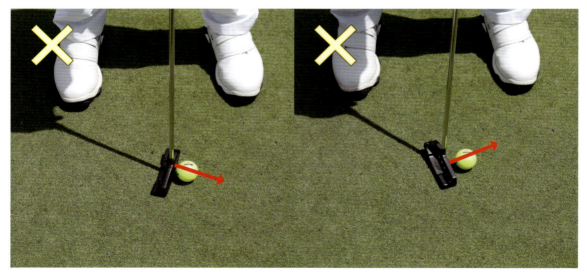

フェースを目標方向のカップに向けてまっすぐに合わせても、ストロークを気にしすぎるとインパクトでフェースの向きがずれることがある。ショートパットでは、とにかく正しいフェースの向きだけに集中しよう。

まっちゃん、2ヤードをまっすぐ打つ練習に挑戦

わっほーさん ゴルフコラム #04

知っておきたいマナー編

グリーン上のピッチマークの直し方

グリーン上のピッチマークを直さずにそのままにしておくと、芝が痛んでグリーンが荒れる。
最低でも自分のつけたピッチマークは直そう!

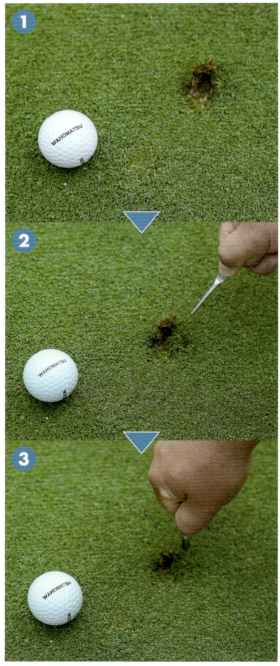

❶雨が降った翌日などは、グリーンが柔らかくなっており、深いピッチマークがつきやすいので注意しよう。❷ピッチマークの先端の盛り上がった部分にグリーンフォークを鋭角に刺し、芝の根を切らないようにして穴のほうへ寄せる。❸❹同様に、穴の周囲もフォークで、芝を穴のほうに寄せる。❺寄せ終わったら、パターの裏でトントンと叩く。❻平らになったことを確認する。余裕があれば、他のピッチマークも直そう。

第3章
ミドルホール（370Yパー4）の「あるある」レッスン

Middle Hole (370Y Par4) ティーショット

Q.1 ティーマークの向きに惑わされるな!

M「せっかく5Wで打ったのに、右に飛んで行っちゃいました!」
W「まっちゃん、ティーマークの向き通り、最初から右向いてたよ」
M「ほんとだ!わっほーさん、ティーマークが右向きになってます」
W「ティーマークの向きに惑わされずに、打つ方向を決めてアドレスしようね」

ティーイングエリアから見た風景

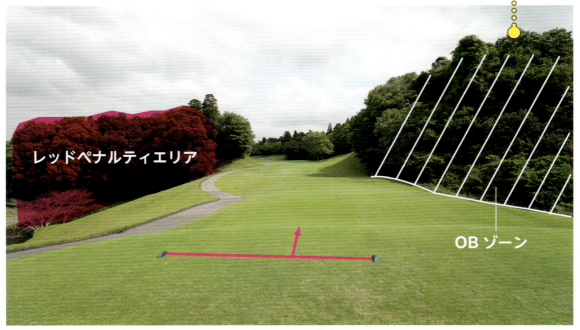

ティーマークの向き通りに立つと、右向きになってOBの危険もあるので注意しよう。

A. 打ち出したい方向を決めてから アドレスに入る

ティーマークはフェアウェイ中央を向いているとは限らず、右や左に向いていることもあります。ティーショットを打つ前に、必ず自分の打ち出したい方向を決めてからアドレスしよう。

🏌️ アドレスする方向を確認しよう

わっほーさん Teach me, Wahho-san 教えて

❶ティーマークの向きに合わせてアドレスしているまっちゃん。アドレスが右を向いているのがわかる。❷自分の打ちたい方向を決めてからアドレスしているわっほーさん。まずはティーイングエリア後方に立って、打つ方向を確認しよう。

5Wの打ち方を学ぼう

❶まっちゃんが5Wを選んだ理由は、フェアウェイ210～230ヤード地点にグラスバンカーがあり、ドライバーや3Wではつかまる危険があったからだ。しかし、ティーマークの向きに惑わされて失敗してしまった。まずはティーングエリア後方に立ち、自分の打ち出したい方向をしっかりと決めよう。

❶スタンス幅は肩幅より少し広め、ボール位置は中央から1個分左に置く。クラブヘッドは体の中央に置き、ロフトを立ててハンドファーストに構える。❷体重配分は5：5が理想。左にかかりすぎるとクラブが刺さりやすく、右にかかりすぎるとアッパー軌道になり、ダフりやすくなる。

❷肩の向きを意識しながらスタンスと同じ方向に合わせる。グリップは少し短めに握り、アイアンショットに近いイメージでコンパクトなバックスイングを心がける。❸ティーの高さは指1本分くらいで、球を上げようと意識せず、出球が低いイメージで打とう。

❸目一杯フルスイングしようとせず、決めた位置までしっかり振り切り、安定したフィニッシュを目指そう。

あおり打ちのフィニッシュを解消する

まっちゃんが5Wを失敗したもう一つの理由が、手の力でクラブを振ろうとして、体の動きが崩れたため。それにより、上体が突っ込みやすくなり、クラブの軌道がアウトサイドインになって、こすり球になり、右にスライスが出やすくなる。

わっほーさんがまっちゃんのスイングで注意した点は、左ページの写真のように背中が反り返り、クラブヘッドが下向きになるあおり打ちのフィニッシュだ。そこでわっほーさんは、フィニッシュでの上半身の姿勢と肩の向きを指導した。

これが正しいフィニッシュ！

まっちゃんは、その指導をもとに、フィニッシュでは上半身と背中がまっすぐに伸び、肩が目標方向に向き、クラブヘッドもしっかりと回ったフィニッシュが取れるようになった。このフィニッシュを取れるようにスイングすることで、あおり打ちも解消された。

ドライバーを使った打ち方

210～230ヤード地点にあるグラスバンカーに対して、5Wで刻むのではなくドライバーを使ってキャリーで越えたい場合、ポイントは腕力や振りの大きさではなく、腹筋に力を込めることだ。

わっほーさんが飛ばしたいときに一番意識するのは腹筋だ。例えば、軽い棒を振った後、重い棒を振ると振り遅れるのは、腕の力だけで振っているからだ。腹筋に力を入れながら、体と腕が一体となるようにクラブを振れば楽に振れるだけでなく、今の体力のままでもスイングスピードが上がる。この腹筋を意識したスイングを、ぜひ試してみよう。

腹筋に力を込めるとスイングスピードも上がるよ！

Middle Hole (370Y Par4) つま先上がりからのセカンドショット(ピンまで170Y)

Q.2 傾斜からのショットはミスが出やすい！

M「5Ⅰでピンに届かせようと振りましたが、ダフって左です！」
W「まっちゃん、こんな傾斜から大振りするのはケガのもとだよ」

M「気合いではダメなんですね」
W「つま先上がりは、ロフトが大きくなるほど左に飛びやすくなるから、曲がり幅の計算が大切だよね」

つま先上がりからのセカンドショットの風景

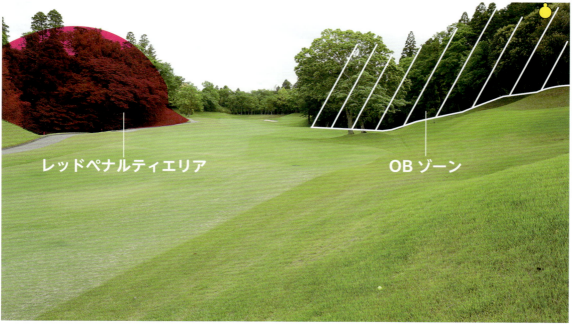

右にすっぽ抜けるとOB、左に引っ掛けるとレッドペナルティエリアという厳しい状況。つま先上がりからのトラブルを避けるには……。

A. 傾斜からのショットはアドレスの取り方が大切

つま先上がり、つま先下がり、左足上がり、左足下がりなどの傾斜から打つ場合は、それぞれの傾斜や傾斜の度合いに合わせてスタンス幅や向き、ボールの位置、クラブを持つ長さを調整してアドレスしよう。

🏌 まっちゃんがつま先上がりからミスした理由

❶まっちゃんは、つま先上がりの傾斜で体とボールが近くなるにもかかわらず、5Ⅰを長く持ったまま構えていた。❷❸傾斜に対応せず、力が入って大振りしたことで手前でダフリ、ボールが引っかかって左に飛んでいくミスショットになった。スタンスが右を向きすぎたため、うまく当たっても右に飛びすぎてOBの危険もあった。

つま先上がりの打ち方

つま先上がりのショットでは、傾斜の強さやラフの長さによって曲がり方が変わってくる。まずは、傾斜とライの状況をしっかりと把握しよう。

スタンスが右を向きすぎ！ ×

つま先上がりでは、ロフトが大きくなるほどボールが左に飛びやすいが、5Ｉはロフトがショートアイアンやウェッジに比べて小さいので予想より曲がらず、右を向きすぎると、右OBの危険が高まる。

スタンスの向きはバンカー方向でややオープン

フェースは少し開いてターゲット方向(バンカー)に向ける

スタンスとフェースの向きは、OBエリアを避けるために、グリーン右のバンカー方向に向けると良い。

クラブは傾斜に合わせて短く持つ

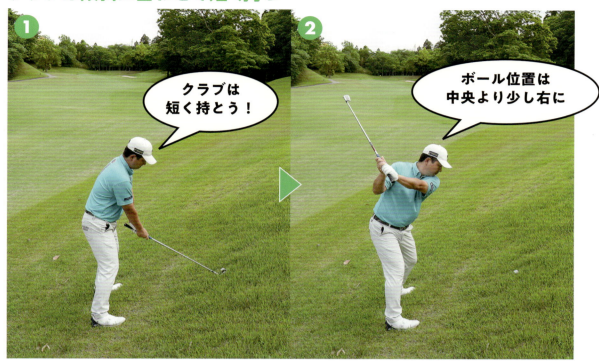

❶❷スタンス幅は少し広めで、オープンスタンスにする。クラブは傾斜に合わせて短く持ち、フェースを少し開き気味にしてターゲット方向に向ける。ボール位置は中央より少し右に置き、合わせて胸も少し右に向け、胸の正面にボールが来るようにセットする。

❸❹傾斜では大振りせず、フィニッシュがしっかりとれる力加減でスイングする。ラフにボールが半分くらい沈んでいる場合は、スピンがかかりにくいので、ボールの曲がりが少なくなる。右林のOBエリアには十分気をつけて、慎重にショットしよう。

つま先下がりの打ち方

つま先下がりのショットでは、バランスを崩すとフェースが開きやすいのでスライスが出るが、逆に下半身が止まるとヒールが引っかかって左に飛ぶことも多い。

1 スタンスは広めにして腰を落として構えよう

❶前後のバランスを安定させるために、スタンスは肩幅より広めでややオープンにする。腰をしっかり落として構える。

2 ボールの位置は素振りをして地面に当たるポイントにセットしよう

❷ボール位置は素振りでクラブが地面に当たる場所を確認し、体の中央より少し右に置きます。クラブの長さは通常通りに持ち、フェースの向きはターゲットにまっすぐ合わせ、胸の向きもフェースの向きに揃える。

わっほーさん
Teach me, Wahho-san
教えて

97

左足上がりの打ち方

左足上がりは、体重移動がしづらいので、ボールの位置によってざっくりや引っかけが出やすい。

1 右足体重にしてオープンスタンスに構えよう

わっほーさん
Teach me, Wahha-san
教えて

❶スタンスは肩幅より広めにし、右足体重にしてオープンスタンスに構える。

2 ボールの位置は傾斜が強くなるほど右寄りに置く

❷ボールの位置は傾斜がきつくなるほど右寄りに置き、右足体重のままコンパクトなトップを作る。

❸ボールを右寄りに置いたまま、体重移動せずに右足体重で打つことで、ダフリや引っかけのミスが出にくくなる。

体重移動せず右足体重のまま打つ

❹クラブを少し短く持つことと、打ち上げで距離も出にくくなるので、通常より1番手大きいクラブで打とう。

通常より1番手大きいクラブを選択しよう！

左足下がりの打ち方

左足下がりでは、体重が自然と左にかかりやすい。この体勢からボールを上げようとするとあおり打ちになり、トップやダフリなどのミスが出やすい。

❶ スタンスは肩幅よりやや広めにし、左足体重。フェースはピン方向に向け、傾斜でも足元が安定するオープンスタンスに構える。

❷ ボールの位置は中央より右寄りに置き、左足体重のままコンパクトなトップを作る。

❸ボールを上げようとせず、傾斜に沿ったコンパクトなスイングを意識しながら、スタンス方向に振り抜いていく。

❹ボールは低く出るので、大振りせずコンパクトなスイングで転がして距離を出すイメージを持つ。フィニッシュも小さめに収めよう。

Middle Hole (370Y Par4) フェアウェイ左からのサードショット（ピンまで50Y）

Q.3 ウェッジを使って 50ヤードの距離をどう寄せる

M「ああ！ 残り50ヤードなのにダフリました。わっほーさん、助けて！」
W「58°で50ヤードの距離なのに、球を上げて止めようとして、スイングが大きくなって、力が入りすぎ！」
M「ベタピンを狙いました！」
W「まずはどうやって狙うか、状況に応じた打ち方を考えようね」

フェアウェイ左からのサードショットの風景（ピンまで50ヤード）

グリーン近くのフェアウェイ左サイドからのサードショット。グリーンエッジまで25ヤード、エッジからピンまで25ヤードという状況だ。

A. 転がして止める方法と、キャリーで止める方法

ウェッジで50ヤードの距離をピンに寄せるには、状況に応じて3つの選択肢がある。ピンが奥の場合やグリーンが広い場合は、手前5ヤードと10ヤードから転がして止める方法、バンカー越えの場合は、スピンをかけてキャリーで止める方法を選ぼう。

58°で50ヤードの距離感を作る

① バックスイングで手の位置が肩

わっほーさん
Teach me, Wahho-san
教えて

② フィニッシュでも手の位置が肩

① 58°のウェッジでスイングが大きくなると、インパクトで距離を調整しようとして手が緩んで、ダフリなどのミスが起きやすい。まずは手を緩めずにしっかり50ヤードを打つ練習をしよう。

② わっほーさんの50ヤードの目安は、スイングの大きさが肩から肩になる。

ピン10ヤード手前から転がして寄せる

ピンがグリーン奥に切ってある場合は、
中弾道のボールをイメージして転がすアプローチが効果的だ。

❶スタンスは少し狭めにしてオープンスタンスに構える。ボールの位置は右寄りで、グリップエンドを左股関節に向けて少し強めのハンドファーストの形を作り、体重は少し左に乗せる。❷左足体重のまま、バックスイングは肩の位置まで上げる。

スイング中は前傾姿勢を一定に保つ！

バックスイングは肩の位置まで上げる

❸中弾道のボールはインパクトが強くなりやすいので、インパクトをスイングの通過点として意識し、力をいれすぎない。❹手ではなく体の回転でスイングし、クラブのトゥが真上を向くようにフィニッシュすると、ボールが高く上がらず中弾道のボールになる。

キャリーで5ヤード手前に落としてトントンと止める

❶スタンス幅は肩より少し狭めのオープンスタンス、体重配分は左右均等に5：5。ボール位置は中央に置き、フェースを自分から見て1時方向に少し開く。グリップエンドを左股関節前にセットすると、自然とハンドファーストの構えになる。❷前傾姿勢をキープしたまま手が肩の位置のトップを作る。

❸ボールを打ちに行くのではなく、スイングすることをイメージする。❹肩の位置までしっかり振り切ってフィニッシュする。

ピン5ヤード手前からトントンと止めるには、フェースにボールをしっかり乗せることが必要だ。写真上のようにフォローでフェースを返すと、ボールは転がりやすくなる。写真下のようにフォローではフェースを自分に向けるように意識するとボールは止まる。

スピンをかけた高いボールでキャリーで止める

❶スタンス幅は肩より少し狭めにし、オープンスタンスで構える。やや左足体重で、ボールの位置は中央より1個分左に置く。グリップは左股関節前を向ける。フェースは自分から見て1時方向に少し開き、クラブヘッドをボールから1個分離して構える。❷前傾姿勢をキープしたまま、手が肩より少し上の位置でトップを作る。スイングはゆっくりとしたテンポを意識する。

❸ボールをすくうのではなく、ボールの手前から芝を滑らすように払い打つイメージでスイングすると、スピンがかかりやすい。❹ボールが高く上がり、飛距離が出ない状態を作るために、肩より少し上の位置でフィニッシュするようにしっかり振り切る。

Middle Hole (370Y Par4)　バンカー越えの4打目(ピンまで25Y)

Q.4 目の前のバンカーにも惑わされないアプローチとは？

M「ゲゲッ！ 球を上げようとしてトップしました。バンカーだあ！」
W「まっちゃん、バンカー越えまで8ヤード、越えてからピンまで17ヤードあるんだから高く上げる必要ある？」
M「バンカーにビビっちゃって」
W「アプローチの基本は1ヤードの距離感だ。1ヤードを打つ練習からやろう」

バンカー越えのアプローチの風景

バンカーを越えるのに8ヤードだが、越えてからピンまで17ヤードある。このようにピンまで距離がある場合は、無理してボールを高く上げる必要はない。無理に上げようとするとすくい打ちになったり、体があおってトップしてバンカーに入るミスにつながりやすい。

A. スイング幅を小さくしてしっかり打つ！

アプローチの基本は、1ヤードの距離を打つことから始まる。アマチュアは1ヤードを打つときでもバックスイングを大きく上げすぎて、インパクトで緩めてしまうことが多い。まずはスイング幅を小さくしてしっかり打とう。

🏐 1ヤードの振り幅はクラブヘッドがすねの高さ

わっほーさん教えて
Teach me, Wahho-san

❌「振りがちょっと大きいかなあ…」

⭕「1ヤードの振り幅はこれくらいだよ！」

まっちゃんの場合（写真左）は、バックスイングが大きいので、打つときに強さを加減しようとして手が緩みやすくなる。わっほーさん（写真右）のようにクラブヘッドをすねの高さくらいにするのが、1ヤードの適切な振り幅になる。このような小さい振り幅でも体幹でクラブを連動させるためには、体の各所に適度な力を入れることが必要となるので、次に詳しく解説しよう。

アプローチの基本となる1ヤードの打ち方

1ヤードでも体を使って打つことを覚えよう

❶ 1ヤードの目安は大きめの歩幅。その距離に目印を見つけて落とし場所を決める。スタンスの足の向きについては右ページ上参照。

❷ フェースを1時方向くらいにやや開き、左腕とシャフトが一直線になるように構える。グリップは少し強めに握る。

❸ 腹筋に力を入れ、肩と腕でできた三角形を崩さないようにして、ヘッドがすねの高さくらいまでバックスイングする。

❹ インパクトからフォローにかけても三角形をキープし、アドレス時の右手首の角度が変わらないように意識する。

スタンスの足の向きとグリップ位置

❶スタンスは狭めにして両つま先をまっすぐ前に揃え、両足の中央にボールを置く。❷右つま先の前あたりにボールが来るように両つま先を左に振る。

❸ボールの後ろにクラブを置き、グリップエンドが左股関節を指すように構える。

バンカー越えのアプローチも怖くない

❶1ヤードの基本アプローチを覚えれば、後は振りを大きくしていくだけでキャリーとランの距離を計算できる。このアプローチの振り幅は手が腰の高さくらいまでが最大で、キャリー15ヤード＋ラン10ヤード＝飛距離25ヤードくらいが大まかな目安となる。それ以上の振り幅になると、スタンスを狭くしているので体がぶれて、ミスにもつながるため注意しよう。

Middle Hole (370Y Par4) バンカーからの5打目（ピンまで20Y）

Q.5 バンカーではしっかり振っても飛ばないアドレスを作ろう

M「わっほーさん、苦手のバンカーからなんと1度で脱出できました！でも、まだ4ヤード残ったかぁ」
W「バンカーで大切なことは1度で脱出すること。まずは大成功だよ」
M「バンカー苦手な人多いですよね」
W「しっかり振っても飛ばないアドレスを作って、バンカー上手になろうね」

バンカーからの4打目地点（ピンまで20ヤード）

バンカーからのミスの多くは、ボールにクリーンに当たるホームランを怖がって、スイングの途中で手元を緩めてしまうことによる大ダフリだ。

A. しっかり振っても飛ばないアドレスの作り方

アマチュアでよく見かけるのが、バックスイングは大きいのにインパクトで手元が緩み、大ダフリしてフォローが極端に小さくなるケース。このようなミスを避けるために、しっかり振っても飛ばないアドレスを作ろう。

◯ バンカーショットの基本アドレス

正面 front

- ボール位置は中央、フェースを2時方向に開きボール1個分離して構える
- グリップエンドは左股関節を指す

スタンスは肩幅よりも広めにして、ボール位置は中央。グリップエンドは左股関節方向を指し、58°のウェッジのフェースを2時方向に開く。

後ろ behind

- 腰を落とす
- 手元を下げる
- ピン方向
- スタンスはオープン

オープンにしたスタンスで椅子に座りかけるイメージで腰を落とす。それに合わせて手元の位置も低くする。

わっほーさん Teach me, Wahho-san 教えて

115

しっかり振っても飛ばないバンカーショット

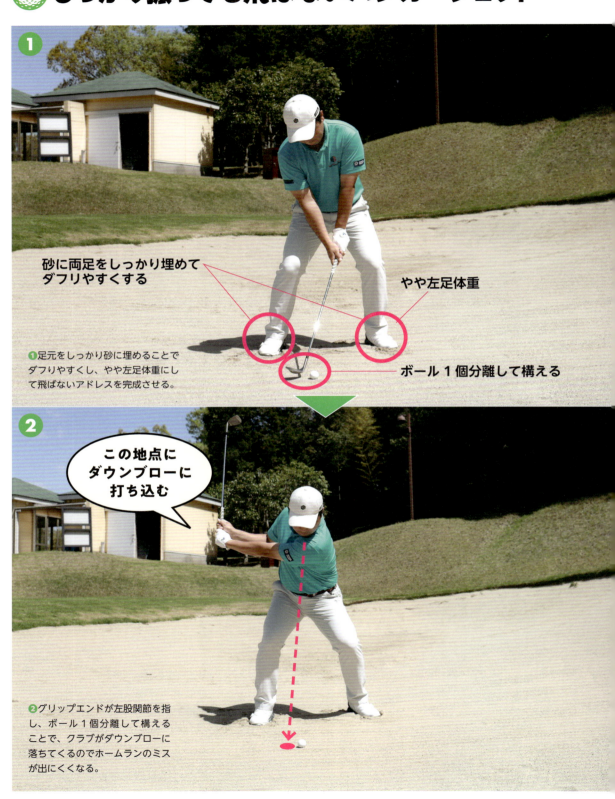

1

砂に両足をしっかり埋めて
ダフリやすくする

やや左足体重

ボール1個分離して構える

❶足元をしっかり砂に埋めることでダフリやすくし、やや左足体重にして飛ばないアドレスを完成させる。

2

この地点に
ダウンブローに
打ち込む

❷グリップエンドが左股関節を指し、ボール1個分離して構えることで、クラブがダウンブローに落ちてくるのでホームランのミスが出にくくなる。

❸ インパクトでも手元を緩めず、ピンのやや左方向にクラブを振り抜いていく。

インパクトで手元を緩めない

❹ ひざは最後まで伸ばさずに曲げたまま。バックスイングよりもやや大きめのフィニッシュにする。距離感の基本はインパクトの強さではなく、振り幅の大きさでつかんでいこう。

ひざは最後まで伸ばさない

アゴの高いバンカーショット

正面 front

フェースの裏が地面と平行になるくらい大きく開く

肩幅よりも広めにしたスタンスで、ボール位置は中央、体重配分は左右5：5に構える。グリップエンドは左股関節方向を指す。球を高く上げるため、58°のウェッジのフェースの裏が地面と平行になるくらいに開く。

後ろ behind

腰を落とし、手元もあわせて低くする

スタンスはオープンにして椅子に座りかけるイメージで腰を落とし、手元の位置もそれに合わせて低くする。

ボールの位置がアゴに近く、さらに深さも身長の倍以上ある難易度の高いバンカーでは、球を高く上げることが要求される。❶球を上げやすいようにスタンスはオープンにして、胸も目標方向に対して少し開いて構える。❷胸の高さを変えないようにバックスイングする。

❸フェースを大きく開くので飛ばなくなる分、クラブをしっかり振ってヘッドスピードを上げることを意識する。❹ヘッドスピードが減速しないように、上体が起き上がらないようにしてフィニッシュまで振り抜く。

🏌 距離の長いバンカーショット

わっほーさんは、ピンまで30ヤードくらいまでのバンカーショットは58°を使う。58°での通常の飛距離は100ヤードくらい。バンカーショットで30ヤード飛ばしたい場合も、基本的なアドレスやボール位置は同じ。スイングのイメージは80ヤード飛ばす感覚で行い、しっかりダフらせることでミスを防ぐ。

まっちゃんも挑戦！

❶バンカーが苦手なまっちゃんも、わっほーさんの指導を受けて、58°のウェッジで30ヤードの長いバンカーショットに挑戦だ。

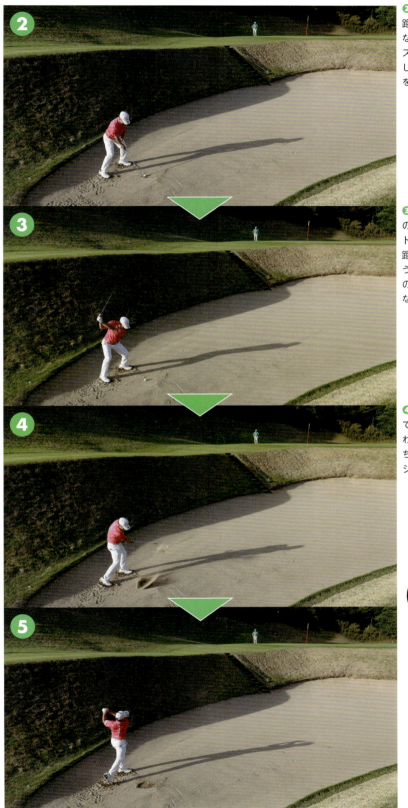

❷わっほーさん曰く、砂を薄くとって距離を出そうとすると振り幅が小さくなり、ダフって再びバンカーに入るミスにつながるとのこと。まっちゃんもしっかりダフらせて確実に飛ばすことを心がけた。

❸まっちゃんの58°でのフルスイングの飛距離は90ヤード。バンカーショットではフルスイングの約3分の1の飛距離になるので、フルスイングでちょうど良い距離感になる。わっほーさんの教え通り、スイング中は手元を緩めないように注意した。

❹「しっかりダフらせて、しっかり振って、ヘッドスピードを速く！」というわっほーさんの教えを実践して、まっちゃんも30ヤードの長いバンカーショットを見事にナイスオン！

やったぁ！わっほーさん、乗せましたよー！

大目玉のバンカーショット

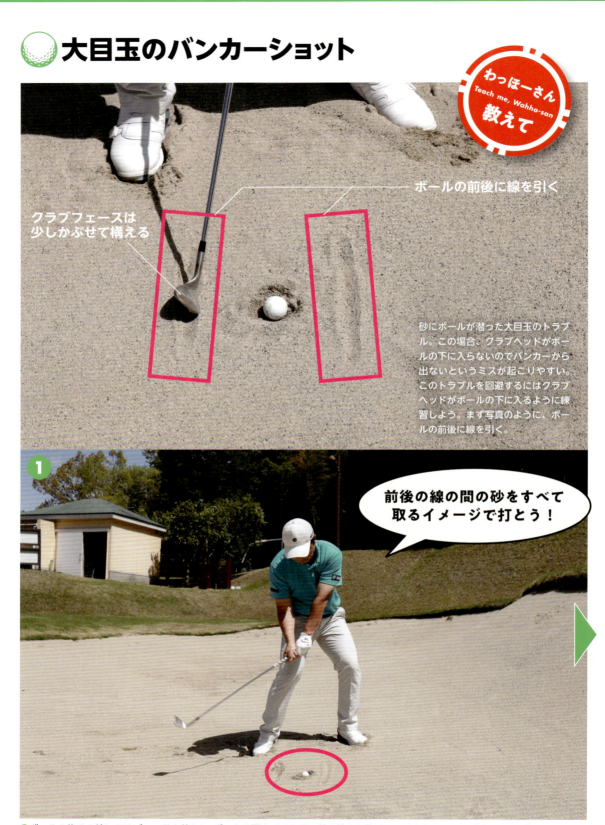

わっほーさん 教えて
Teach me, Wahho-san

クラブフェースは少しかぶせて構える

ボールの前後に線を引く

砂にボールが潜った大目玉のトラブル。この場合、クラブヘッドがボールの下に入らないのでバンカーから出ないというミスが起こりやすい。このトラブルを回避するにはクラブヘッドがボールの下に入るように練習しよう。まず写真のように、ボールの前後に線を引く。

前後の線の間の砂をすべて取るイメージで打とう！

❶ボールの後ろの線にクラブヘッドを落とし、ボールの下をくぐらせて前の線から抜けていくようにイメージする。クラブヘッドをしっかり砂に潜らせるために、フェースは開かず少しかぶせて構える。

❷スタンスは肩幅よりも広めにし、ボール位置は中央に置く。ヘッドが潜りやすいように両足を砂に深く埋める。❸ヘッドを砂に潜らせるために、手前の線に向かって鋭角に打ち込む。

❹砂に深く潜らせて砂を多くとる分、砂の抵抗が強くなるので、グリップをしっかり握り、スイングも緩めないようにする。❺腹筋に力を入れ、ボールの前後の砂をすべて取るイメージで振り抜く。

Middle Hole (370Y Par4) グリーン上6打目(カップまで4Y)

Q.6 まっちゃん、勘に頼ったパットで惜しくも左に外す!

M「わっほーさん、スライスラインはわかったのですが惜しくも左…」
W「傾斜がわかっても、傾斜の度合いによって、打つ強さや方向が変わるから、しっかり見極めないとね」
M「勘だけではダメなんですね」
W「まずカップまでの上り下り、左右の傾斜をしっかりと確かめよう」

グリーン上6打目地点の風景(カップまで4ヤード)

グリーンは平坦ではなく起伏がある場合が多い。そのため、カップに向かっての上りや下り、左右の傾斜によってボールの転がりが異なってくる。❶ボールの後方からカップを見て、左右の傾斜を確認。傾斜の度合いによって、どのくらい左右に切れるのかを判断しよう。

A. カップをぐるりと1周して左右の傾斜を確認する

ボールの位置からカップまでの傾斜を確認する場合は、ボールとカップ両方の位置から見て左右の傾斜を確認する。そしてボールとカップの中間地点から上り下りの傾斜を確認し、最終的にボールの曲がり具合を判断しよう。

傾斜の確認の仕方

わっほーさん
Teach me, Wahho-san
教えて

❷ 高低差はどうかな？

❷ボールとカップの中間点に移動し、ボールとカップの高低差、カップに向かって上りなのか下りなのかを確認する。その際、傾斜が低いほうの中間点から見ると、高低差がわかりやすい。

❸ やっぱり少しスライスラインだな

❸カップの反対に回り、今度はカップのほうからボールを見て、左右の傾斜を再確認する。両方から見ることで、傾斜がより正確に判断できる。

❹ 最終確認ＯＫ！

❹カップを1周して、左右の傾斜とボールとカップの高低差を確認した後、ボールを打ち出すラインとタッチの強さを決める。

スライスラインの打ち方

わっほーさんはカップをぐるりと一周。ボールからピンまでの左右の傾斜と上り下りをチェックして、ピンまでのラインは少し上りのスライスと読んだ。パットのイメージは、Aをターゲットにして打ったボールが、Aのすぐ内側を通りながらカップに向かうラインだ。傾斜の影響でボールが曲がり始める地点Aをブレイクポイントと呼ぶ。ブレイクポイントは、左右の傾斜が強いほどカップに近くなり、また、傾斜の度合いやグリーンの速さによって変わる。練習を重ねてブレイクポイントを見つけ出すことが、パット上手になる近道だ。

❶ブレイクポイント Ⓐ をターゲットにしてフェースの向きを合わせる。❷Ⓐのすぐ内側を通るラインをイメージする。

❸ラインをイメージした後は、タッチの強さに集中し、Ⓐに軽く当てるくらいの強さで打つ。傾斜があるので、ボールはⒶのすぐ手前から右に曲がる。❹打った後は顔を上げず、目、首の順でボールを追う。

わっほーさん ゴルフコラム #05

知っておきたいマナー編

ディボット跡の直し方

初心者やアマチュアはダフってディボット跡を作っても、プレーに焦るあまりそのままにしてしまうことが多いが、これはマナー違反。必ず直そう。

❶大きなディボット跡を放置すると、芝が枯れてフェアウェイが凸凹になってしまうので注意しよう。❷セルフプレーの場合でもカートに目土が用意されているので、穴の深さの4分の3くらいを目土で埋める。

❸上から靴で軽く踏んで全体を固め、目土を均一にする。❹このように整えることで、目土の上に芝が成長し、平らできれいなフェアウェイに戻る。プレーに余裕があれば、他のプレーヤーがつけたディボット跡も直そう。

第4章

ショートホール（170Yパー3）砲台グリーンの「あるある」レッスン

Short Hole (170Y Par3) ティーショット

Q.1 まっちゃん、見事に砲台グリーンの罠にはまる

「6Iでピッタリの距離打ったんだけどなあ……」

M「わっほーさん、距離はぴったりのはずなのにショートしました」
W「平地のグリーンとピン位置が同じでも、砲台グリーンは高い分、距離が足りなくなることが多いよ」
M「だから斜面に当たったのか」
W「砲台グリーンは縦の距離感が大切。番手を上げて打とうね」

ティーイングエリアからの風景

右はOB、左はレッドペナルティエリア。さらに砲台グリーンのピンの手前と奥にはバンカーが配置されて、距離感と方向性がより問われる。

A. 砲台グリーンは まず縦の距離感を合わそう

砲台グリーンへのティーショットでは、まず縦の距離感をしっかり合わせよう。砲台が高いほどボールも高い位置に着弾するので、飛距離が必要になる。そのため、通常の番手より、1～2番手大きめのクラブを持とう。

🏐 クラブの番手を上げ、グリーンセンターを狙う

わっほーさんは平坦なグリーンでの170ヤードは通常7Iを使用するが、2mほどの砲台グリーンのため6Iを選択した。砲台グリーンの場合、グリーンを外すと周囲に転がり落ちて、難しい打ち上げのアプローチが残ることが多いので、ピンではなくグリーンセンターを狙うのが安全策だ。

番手をひとつ上げてコンパクトなスイングに

❶ わっほーさんの場合、6Ｉの飛距離は通常 185～190 ヤードだが、砲台グリーンのセンターを狙うため、グリップを少し短く持った。ボールはスタンスの中央に置く。❷ フルショットではなく、トップの位置を耳の高さに抑え、8 割程度のコンパクトなスイングを心がけた。

❸スイングではインパクトを意識しすぎず、グリーンセンターを狙ったラインへ出球を出すことに集中。腕の力を抜き、腹筋を意識。
❹フィニッシュでは右肩をしっかり前に出すことが大切。これにより自然に体重が左足に乗ってくるので、しっかりした弾道になる。

アイアンでナイスショットを打つ方法

①

❶アイアンは基本的にフルスイングはせず、出球の方向をしっかり決めた上で、球筋をイメージしながら8割程度のスイングで距離をコントロールすることが大切だ。その際、手の感覚で球筋を調整しようとすると、うまく当たらない。特に、フェアウェイが硬かったり、芝が薄いとなおさらだ。

❷緊張する場面ほど手に力が入りやすいので、まずクラブを浮かして構えることで手の力を抜く。腹筋に力を入れて、お腹の動きにクラブを連動させる意識でスイングすることを心がけよう。手で振ろうとする意識を減らすことで、より安定したナイスショットが打てるようになる。

Short Hole (170Y Par3)　セカンドショット (ピンまで33Y)

Q.2 高く上げることを意識しすぎてピンまで大ショートのミス

「高く！高く！高く！」

W「まっちゃん、ボールを上げすぎ。ピンまで20ヤードも残したよ」
M「わっほーさん、とにかく目の前の斜面を越すことに必死でした」

W「今のロブショットみたいにフェースを開いてコックを使うと、距離が出ないし、刺さるミスもでるよ」
M「砲台グリーンは嫌いっス！」

セカンドショット地点からの風景

高さのある砲台グリーン

高さがある砲台グリーンでは、ピンの根元も見えないこともよくある。グリーンエッジまで8ヤード、エッジからピンまで25ヤードある場合、ピンは奥目で、さらにグリーン奥にはバンカーがあるので、飛びすぎにも注意が必要だ。

A. コックは使わずにノーコックで打つ

砲台グリーン手前からの距離のあるアプローチは、高く上げようと手ですくうような打ち方をするとトップやダフリにつながる。フェースを開きすぎたり、コックを使いすぎたりすると距離が出にくくなる。ノーコックでの正しい打ち方を学ぼう。

🏌 クラブのロフトが球を自然に上げてくれる

> フィニッシュでは フェースが自分のほうを 向くようにしよう！

わっほーさん Teach me, Wahho-san 教えて

砲台グリーンでは目の前の斜面の高さがどうしても気になりがち。58°のウェッジを使う場合、エッジまで8ヤードほどあれば、クラブのロフトが自然に球を上げてくれるので、特に高さを意識する必要はない。コックを使わずに手をしっかり動かして、フィニッシュでフェースが自分のほうを向くようにスイングすることで、スムーズなアプローチが可能になる。

🏌 砲台グリーンのアプローチ

球を緩やかに高く上げて、ピンの手前からスピンをかける33ヤードのアプローチショット。
ピンまでの距離は33ヤードだが、砲台グリーンなので通常よりランが短くなることを頭に入れておく。

1

肩と腕で三角形を作る

ハンドファーストになる

ヘッドをボール1個分、離してセットする

● スタンスは肩幅より少し狭めにし、ややオープンに構える。ボールの位置はスタンス中央にセットし、ヘッドをボールから1個分離して構える。フェースは1時方向に開き、グリップエンドが左股関節を指すように、ハンドファーストに構える。

❷グリップをしっかり動かしながら、ノーコックで胸の高さあたりまでバックスイングする。スイング中は頭の高さを変えないようにする。❸ボール1個分手前から、ソールを滑らせるイメージで打つ。スイング中は肩と胸で作る三角形を崩さないように意識する。

❹フェースが変えられないフォロースルーを作るため、グリップを積極的に動かしていく。❺最後はフェースが自分のほうに向くようにして、グリップは胸の高さでフィニッシュする。

Short Hole (170Y Par3) グリーン上のパット・3打目(ピンまで20Y)

Q.3 まっちゃん、傾斜を読み間違えてロングパットを大ショート！

M「わっほーさん、下り傾斜と読んだのに、なんと上りでした！」

W「20ヤードのロングパットで大切なことはまず距離感を合わせること。上り下りはどう読んだの？」

M「ボールから見て下りだと思ってました」

W「最初は下りだけど、途中から上り。全体の傾斜を見るようにね！」

3打目地点とピンの風景

広いグリーンだと、20〜30ヤードの長いパットが残ることもある。ピンまでのグリーン全体の傾斜を読んでから、距離感を合わせていくことが重要。

A. ボールの後ろからだけではなく、カップまでの3か所の傾斜を把握しよう

20ヤードのロングパットの場合、ボールの後ろから見るだけではカップまでの傾斜を正しく読み取れない。ボール付近、ボールとカップの中間あたり、カップ付近の傾斜がすべて異なることがあるので、3か所の傾斜をしっかりと把握しよう。

全体の傾斜の読み方

> 上り下りにフックやスライスも絡んだスネークラインだな…

グリーンに上がると全体の傾斜がわかりづらくなることがある。グリーンに上がる前に、大まかな傾斜をつかんでおこう。斜面は地面に近いところから見たほうがわかりやすいので、しゃがんで体勢を低くして確認することを心がけよう。

ロングパットの距離とラインの合わせ方

❸カップ周りの傾斜を読み、カップの後方から左右の傾斜を確認する。

ややフック

上り

❶~❸の順で読んだ20ヤードのパットのラインは、最初の7ヤードは弱い下り傾斜のスライスラインで、その後はずっと上りになり、カップ付近ではややフックラインとなるスネークラインだ。朝の10ヤードのパット練習をもとに、距離感とラインをイメージしよう。

❷ボールとカップの中間地点に移動し、低いほうの位置からボールとカップまでの上り下りを読み、ボールが通過するライン付近の傾斜も読む。

❶ボールの後方にしゃがんで、ボール付近の傾斜とカップまでの左右の傾斜を読む。

下り

ややスライス

Short Hole (170Y Par3) グリーン上のパット・4打目(カップまで5Y)

Q.4 傾斜の読みが浅いとアマラインに外す

4打目地点(カップまで5ヤード) 38 ココ！ 45

奥の傾斜はスライス

まっちゃんはピンまでフックラインと読んだが、ピン奥のスライス傾斜に惑わされて、フックを浅めに読んでしまった。その結果、カップ左に切れるアマラインに外してしまった。

アマライン

奥の傾斜に騙されたなあ……

M「あっ、左だ！ フックラインはなんか苦手なんですよね」
W「フックもスライスも基本は同じ。傾斜をしっかり読んで、カップの高いほうから入れるんだよ」
M「プロラインというやつですね」
W「奥の傾斜に騙されないで、ブレイクポイントを見つけなさい」

A. 傾斜はカップが高いほうの プロラインを狙う

5ヤード前後のパットの確立を上げるには、傾斜をしっかり読むこと。ブレイクポイントを決め、カップの高いほうからカップインするように打とう。フックラインの場合でも、奥の傾斜がスライスラインだと読みが浅くなりやすいので注意。

🏌 傾斜が強いほど曲がり方も大きい

上りのフックラインの場合、上り傾斜が強くなるほどブレイクポイントはカップに近くなるので、傾斜の度合いに合わせてイメージをしっかり持つことが大切。

Short Hole (170Y Par3)　グリーン上のパット・5打目(ピンまで1Y)

Q.5 1ヤードのパットこそ慎重に。 「お先に！」はミスのもと

M「わっほーさん、1ヤードのパットが残りました。お先でいいですか？」
W「1ヤードだからっていい加減に打っちゃダメ。カップ周りで切れることもあるから、しっかりラインを読んで、フェースを目標に合わせないと！」
M「はい、1ヤードを制する者はスコアも制す。ダボに収めるぞぉ！」

カップまで1ヤードの上りのパット

❶〜❸ 4打目でフックラインをカップ手前から左に1ヤード外したまっちゃん。返しの5打目のパットは、少し上りのストレートラインと読んで、フェースをカップに合わせた。

A. **1ヤードの距離でも油断大敵。しっかりラインを読んでフェースを合わせよう**

カップまで残り50cm以内ならカップをめがけて強めに打つこともあるが、1ヤードとなると傾斜によってはカップ近くでボール1個、2個切れることもある。まずはしっかりラインを読んで、フェースを目標に正しくセットしよう。

🏌 1ヤードのパットを読み切って見事カップイン！

上りのストレートラインと読んで、見事に最終パットを沈めてダボで収めたまっちゃん。プロテストに向けての戦いはまだまだ続く！

149

1ヤード打つパット練習

① 1ヤード打つのは意外と難しいよ

② フェースを目標に正しくセットすることを忘れずに

わっほーさん教えて Teach me, Wahho-san

1ヤード打つアプローチが難しいのと同じように、きちんと1ヤードを打つパットも感覚がつかめていないと難しい。まずは平坦な練習グリーンで、1ヤードを正確に打てるように練習しよう。❶1ヤード先にボールを置く。❷そのボールと並ぶように打ってみる。

❸1ヤードを打つ感覚が身につくまで繰り返す。❹5回続けて、置いたボールと同じ位置で止まれば、プレー前の朝の練習はOK。この1ヤードの感覚をもとにして、上り下りの1ヤードにも対応できる。1ヤードの感覚がつかめてくれば、距離を伸ばした練習にも挑戦してみよう。

わっほーさん
ゴルフコラム
#06

ギア編

わっほーさんのお気に入りのパター
オデッセイ「EXO 2-BALL（エクソー 2ボール）」

打感が
ものすごく柔らかくて
しっかり打てるところが
いいんだよね

わっほーさんが愛用しているパターは、オデッセイの「EXO 2-BALL（エクソー 2ボール）」で、6年ほど前に限定発売されたモデル（現在は製造終了）。シャフトの差し込み位置とフェースの隙間がわずか1mm（他のモデルは約2mm）なので、フェースの向きを合わせやすい。さらに打感も非常に柔らかく、打ってもボールが転がりすぎないのでしっかり打てる。また、他のモデルのようにボールマークが白くないので、まぶしさを感じにくい。さまざまパターを試してはいるが、結局このパターに戻るというほどのお気に入りだ。

第5章
ラウンド「あるある」トラブルレッスン

風の向きや強さに応じて臨機応変なショットで臨もう

風の強い日の
トラブルレッスン

● ショット時の風の向きと強さを確認しよう

● アゲンストではスピン量が増えると球が上がりすぎて
　飛距離が落ちる。番手を上げ、クラブは短めに持つ

● アゲンストではフォローを低くして、スピン量を抑える

● ドライバーは、フェースを少しかぶせて構え、
　フェース上部に当たりやすくすると低い球が打てる

ショット時の風の向きと強さを把握する

わっほーさん
Teach me, Wahho-san
教えて

コンパス

雲の流れ

北北東の風

木々の揺れ方

朝の天気予報で、ゴルフ場の風向き(例：北北東の風など)をチェックしよう。プライベートゴルフでは、最近ではまっちゃんも使用しているように、ショット時にスマホのコンパスアプリを使って、風向きを確認するのも有効な方法だ。また、雲の動きや高い木々の揺れ方、体で感じる風なども参考にしながら、風の向きと強さを把握し、適切な番手や球筋を決めよう。

風がフォローの場合

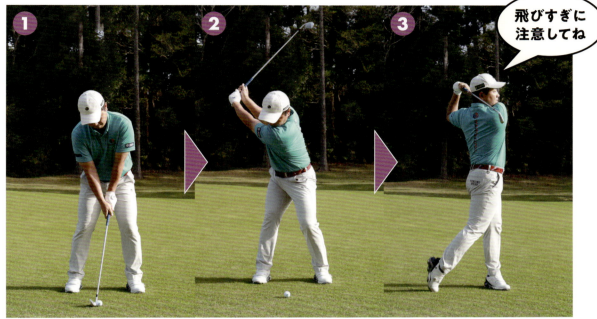

フォローの場合は、通常通りの打ち方で問題ない。❶6Iの場合はスタンス中央にボールをセット。❷❸風に惑わされずにリズムよくフィニッシュまで振り切る。風が強いときは、15ヤード前後飛距離が伸びるので、残りの距離を計算しながら番手を選ぼう。

風がアゲンストの場合

❶スタンス幅は肩幅程度にして、ボールは中央より1個分右足寄りにセット。通常よりも1番手大きいクラブを使い、グリップを短く握ってスピン量を抑える。❷ヘッドスピードを上げるとスピン量が増えるので、大振りせずにゆったりとしたスイングを心がける。❸目線を低めにしてフォローも低く取り、コンパクトなフィニッシュに収める。

雨の日は地面がぬかるむのでとにかくダフリをなくそう

雨の日の
トラブルレッスン

- 飛ばなくて当たり前！　気持ちのハードルを下げる
- グリップは短く持つ
- グリップは緩く握る
- 大振りはダメ！　コンパクトに振る
- フェースを少しかぶせる
- グリップとフェースは打つ前に拭く

地面がぬかるむとボールは飛ばない

雨の日、ぬかるんだ地面ではクラブヘッドがボールの少しでも手前に落ちると、地面に潜り込み、抵抗が強くなる。その結果、ダフりやすくなり、ボールが飛ばなくなる。

ウワッ！

ベチャ！

雨の日は足が滑りやすいので踏ん張ることが多い。すると下半身の動きが止まってしまい、クラブが手前に落ちやすくなる。実際にまっちゃんも、クラブを通常通りの長さで握っていたためダフってしまった。

⛳ グリップの握り方

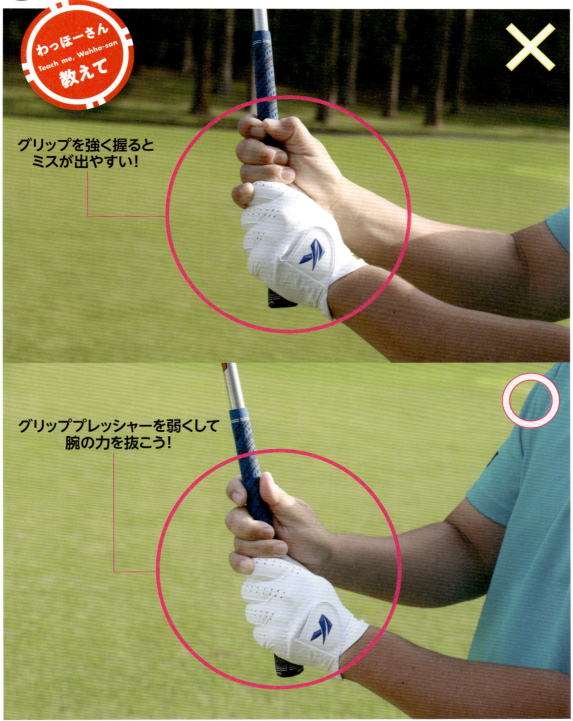

グリップを強く握ると　ミスが出やすい！

グリッププレッシャーを弱くして　腕の力を抜こう！

雨の日はとにかく体が動きにくくなるので、いろいろなところに力が入り過ぎて、ミスにつながることが多い。そこで、わっほーさんが教えてくれたのが「グリップの握り方」。上の写真のように、グリップを強く握ると腕や足にも力が入るので、ミスが出やすくなる。下の写真のようにグリップを軽く握り、1〜2㎝短く持つことで力が抜け、コンパクトなスイングがしやすくなる。また、フェースを少しかぶせると、ボールにしっかりコンタクトできるのでボールが飛ぶようになる。

ディボット跡のボールの位置によって難易度が変わる
ディボット跡のトラブルレッスン

- ディボット跡のどの位置にボールがあるかを確認する
- クラブは短く持つ
- 地面の抵抗が強いのでグリップは少し強めに握る
- ハンドファーストに構える
- 上から鋭角に打ち込む
- フォローは取らずに打ち込んで終わり

ディボット跡に入ったボールの位置

わっほーさん教えて
Teach me, Wahho-san

❶が一番難しいよ！

❶は目標方向の反対側、❷は真ん中、❸は目標方向の先端に止まったボール。❷❸はボールの手前にクラブが入る空間があるが、❶は穴に沈んだボールを打つことになるので、手首などに負担が大きく、難易度は一番高い。この場合は、ボールをスタンスの中央より右側に置いて、強めのハンドファーストに構える。上から鋭角にクラブを落としてハーフトップ気味に打ち、低く転がすイメージだ。

ディボット跡からのショットレッスン

写真のように、ボールがディボット跡の目標方向の先端や真ん中にある場合は、ボールの後ろにクラブの入るスペースがあるので、ダフらずに直接ボールにコンタクトしやすくなる。❶ボールの位置はスタンスの中央に置き、グリップを短く持つ。グリップの先端を左股関節に向けたハンドファーストに構える。

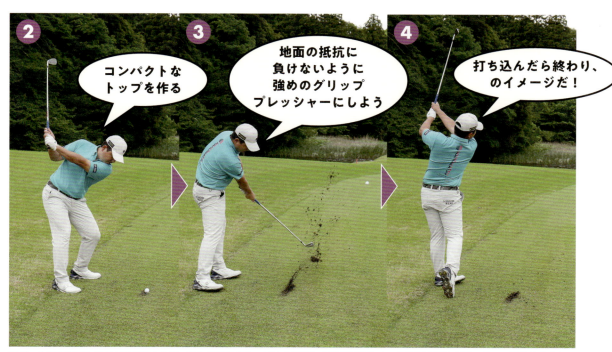

❷ボールに直接コンタクトできるように、コンパクトなトップから鋭角にクラブを落とす。❸地面の抵抗が強いので、手首を痛めないようグリッププレッシャーを強く保ちながらスイングする。❹フォローを取らず、打ち込んだら終わりのイメージを持つ。

フェアウェイバンカーのトラブルレッスン

フェアウェイバンカーから1回で脱出するための注意点

- スタンスは通常通り
- 左足を少し埋める
- ボール位置は中央よりボール半個右
- フェースを少し閉じる
- 無理に打ち込まず通常のスイングでOK
- アゴが高くなるほど番手を下げる

フェースを閉じて構えるのがポイント

「クラブを少し閉じると簡単に脱出できるよ！」

わっほーさん Teach me, Wahho-san 教えて

フェアウェイバンカーではフェースを閉じて構えよう。通常のフェースの向きは❶のようにまっすぐだが、❷自分から見てヘッドを左に回転させ、フェースが11時の方向を指すように閉じてからグリップを握り直す。砂の抵抗が少なくなるので、ボールをしっかり捕らえることができる。

アゴの高さとアゴまでの距離で番手を変えよう

アゴまで距離がある場合

左足を少し深めに埋める

アゴに近い場合

PWやSWで確実に出そう！

フェアウェイバンカーからのショットで大切なことは1回で脱出すること。アゴが高くても、写真上のようにアゴまで少し距離がある場合は、8I以下のクラブを選択しよう。左足を少し埋めることで、意識しなくても自然に打ち込みやすい構えになる。写真下のようにアゴが近い場合は、距離をロスしてもPWやSWに変えて、確実にボールを脱出することを優先しよう。

前だけではなく周囲を広く見まわして、脱出ルートを探ろう
林の中の
トラブルレッスン

- ボールのライを確認しよう
- 前だけではなく、横に出す勇気も持とう
- 目標までの上下、左右の障害物を確認しよう
- ボールを転がすのか、上げるのかを決めよう
- まっすぐ打つのか、左右に曲げるのかを決めよう
- クラブをコントロールしやすいように短く持とう

木

グリーン

ボールが少し高く上がると張り出した枝に当たるよ!

ボールのライ

林の中に入った場合、まず確認することはボールのライ。林の中は木の根が地表に出ていたり、土がむき出しのベアグランドになっていることが多いので無理は禁物。クラブを短く持ち、1回で脱出できそうな広い空間を探して、確実に脱出を目指しましょう。また、ライが良くて目標方向に打てる場合でも、木の枝が張り出していたり、途中にバンカーや池などが絡むこともある。そんな障害にも対処できるように、低い球で転がしたり、球を左右に曲げる技術も練習しておこう。

わっほーさん
Teach me, Wahho-san
教えて

林の中では横に張り出した木の枝に当たらないように低い球で脱出しよう

林の中のトラブル 低いボール編

⚪ ボールを右に置くほど低い球筋になる

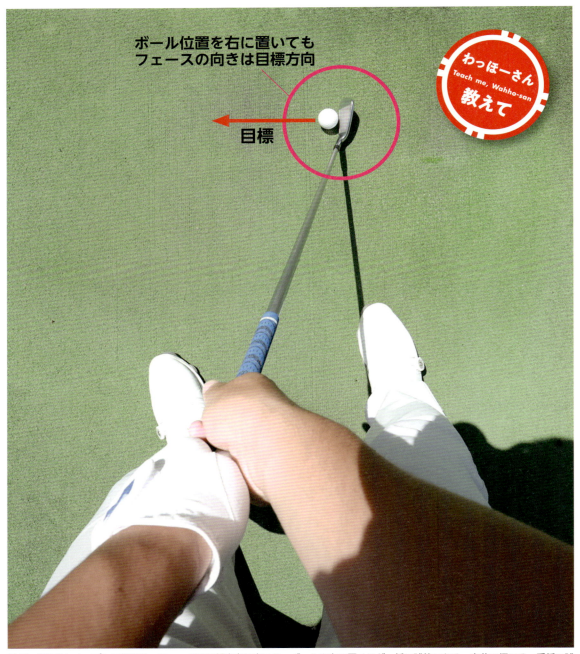

スタンスは少しオープンに構える。フェースは目標方向に向ける。ボールを右に置くほど、低い球筋になる。自分で打てる一番低い球筋の限界を把握しておこう。

低い球を狙って打つ際に3Wや5Wのような長いクラブを使うと、
スイングが安定せず、再びトラブルに陥る可能性がある。6I以下のクラブを短く持って、
コンパクトにスイングを心がけよう。

8Iで低い球を打つ

グリップエンドは
常に左股関節を指す

❶ボール位置がスタンスの中央にある通常のアドレス。❷ボール2個分右に置いたアドレス。その際、ボール位置が変わってもグリップエンドは常に左股関節を指し、ボール位置は常に胸の中心にくるように構える。まずは8Iでグリップを少し短く持って練習してみよう。

林の中のトラブル **フック編**

目標方向や左に木がある場合は右から曲がるフックボールで脱出しよう

8Iでのフックの打ち方

❶スタンスは肩幅ほどに広げてクローズドスタンスにする（右ページ参照）。ボールは胸の真ん中の位置にセットし、フェースはターゲット方向に向ける。グリップエンドは左股関節方向を指すようにハンドファーストで構え、最初からフックするためのアドレスを作る。

❷アドレス後は、胸の向きに沿ってダウンスイングし、「バチン」とインパクトするイメージを持つ。❸インパクトまでにフックがかかるスイングなので、フォローは自然体でいい。左足下がりの状況でも、このアドレスを作るとフックが打てる。

フックはトップからインパクトまでのダウンスイングで決まるため、
フォロースイングでは意識せず、最初にフックが打てるアドレスを作ろう。

練習してフックの曲げ幅をつかもう

クローズドスタンスが
強くなるほど、
フックの度合いが大きくなる

❶わっほーさんが8Iで165ヤード先の目標に向かってフックを打つ場合は、ワンピン右を向くくらいのクローズドスタンスに構える。クローズドスタンスを強めるほどフェースが閉じるので、フックの度合いが強くなる。フェースを閉じた後、グリップは再度握り直す。

❷❸スイングプレーンは胸の向きと同じ方向であることを意識してダウンスイングする。クローズドスタンスの強さに応じたフックのかかり具合を把握すれば、目標の手前に木や池などの障害物があっても曲げ幅を計算できるので、適切に対応できるはずだ。

167

目標方向や右に木がある場合は左から曲がるスライスボールで脱出しよう
林の中のトラブル スライス編

8Iでのスライスの打ち方

フェースを開いて
ターゲット方向に向ける

❶スタンスは肩幅ほどに広げてオープンスタンスにし（右ページ参照）、胸も少し開き、ボールを胸の真ん中にセットする。フェースは開いてターゲット方向に向ける。グリップエンドは左股関節方向を指すように構え、スライスしやすいアドレスを作る。

❷アドレス後は、少し開いた胸の方向に沿ってスイングプレーンを意識して、力まずコンパクトにダウンスイングする。❸アドレスでスライスが出やすい構えを作っているので、フォロースイングもアドレス通りに胸の向きに沿ってスムーズに高い位置でフィニッシュする。

トップからインパクトまでのダウンスイングはコンパクトにして、
フォロースルーを大きくすることでスライスを打つイメージを持とう。

練習してスライスの曲げ幅をつかもう

オープンスタンスが強くなるほど、スライスの度合いが大きくなる

❶わっほーさんが8Iで155ヤード先の目標に向かってスライスを打つ場合は、ワンピン左を向くくらいのオープンスタンスに構える。オープンスタンスを強めるほどフェースが開くので、スライスの度合いが強くなる。フェースを開いた後、グリップは再度握り直す。

❷❸スイングプレーンは胸の向きと同じ方向であることを意識してダウンスイングする。オープンスタンスの強さに応じたスライスの度合いを把握できれば、目標の手前にある障害物を回避しながら、自在に曲げ幅をコントロールすることができるようになる。

レッドペナルティエリアからの救済処置
池（赤杭）に入ったボールの処置

ボールが池に入った場合は、ボールが池を最後に横切った地点Ⓐが
救済の目印となるので、しっかり確認しよう。
Ⓐが決まったら、ティーやマーカーなどを置いて
その後の救済処置の目安にしよう。

Ⓐが救済の目印になる

救済方法には3つある。❶ボールが池を最後に横切った地点Ⓐとホールを結んだ後方線上にドロップ。❷Ⓐ地点からホールに近づかない2クラブレングスの範囲内にドロップする。❸元の位置から打ち直す、といった処置になる。

救済法❶
 ## ホールとⒶを結んだ後方線上にドロップ

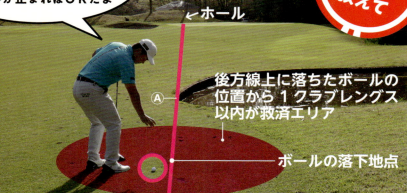

後方線上にドロップして、落ちた地点から1クラブレングス以内にボールが止まればOKだよ

←ホール

後方線上に落ちたボールの位置から1クラブレングス以内が救済エリア

ボールの落下地点

わっほーさん Teach me, Wahho-san 教えて

ホールとⒶを結んだ後方線上に、1打罰でボールをドロップする。後方線上ならいくら下がっても構わない。ドロップしたボールの地点から1クラブレングス以内にあればOKだ。この場合、ホールに近づいた位置でも構わない。2回続けて救済エリア外にボールが出た場合は、2回目の落下地点にボールを置くことができる。

救済法❷ Ⓐ地点から救済エリア内にドロップ

❶Ⓐからホールに近づかないようにして2クラブレングス以内のドロップエリアを決める。❷ひざの高さからボールをドロップ。❸ドロップしたボールが2クラブレングス以内に止まれば、1打罰を加えてインプレーのボールとなる。ボールが救済エリアから2回続けて出た場合は、救済法❶同様に、2回目のボールが落ちた地点にボールを置くことができる。

わっほーさん
ゴルフコラム
#07

ギア編

クラブセッティング

わっほーさんのクラブ

❶ 1W: キャロウェイ パラダイム トリプルダイヤモンド 10.5° ❷ 3W: テーラーメイド ステルス 2 16.5° ❸ UT: ピン G425 19° ❹ 4I: コブラ ユーティリティアイアン ❺ 5I〜W: ピン i210 ❻ わほまつ W:50° 58° 60° ❼ パター: オデッセイ EXO 2-BALL

わっほーさんとまっちゃんは YouTube チャンネルでも、新しいクラブや気になるクラブをどんどん試している。ふたりのクラブセッティングは注目の的だ！ 参考にしよう。

まっちゃんのクラブ

❶ 1W: タイトリスト TSR2 10° ❷ 3W: テーラーメイド SIM 15° ❸ 5W: ホンマ TW717 18° ❹ FW: マルマン シャトル UF3 20° ❺ 4UI: スリクソン ZX 23° ❻ 5I〜9I: ピン i210 ❼ W: ピン BLUEPRINT S ❽ わほまつ W:52° 58° ❾ パター: タイトリスト スコッティキャメロン セレクトニューポート（写真にはありませんが、いつもは9Iも入れてます）

著者　岩男 健一（わっほー）

1987年3月17日生まれ。14歳からゴルフを始め、19歳の時に太平洋クラブ成田コースに研修生として入社。21歳の時に日本プロゴルフ協会トーナメントプレーヤーの資格を取得（2008年入会）。2013年に日本オープンゴルフ選手権でトーナメントデビュー（レギュラートーナメントには10戦出場）。2020年4月にYouTubeチャンネル「わっほーまっちゃんの日常」を開設し、2024年10月現在で登録者数13.3万人。トーナメント出場を目指してゴルフとYouTubeに奮闘中。

松本 雄友（まっちゃん）

1996年3月9日生まれ。小学校4年生でゴルフを始め、中学2年生時に本格的にプロを目指す。千葉学芸高等学校ではゴルフ部に所属し、卒業後、太平洋クラブ成田コースの研修生になる。現在、プロテスト合格とトーナメント出場を目指している。2020年4月に岩男健一プロ（わっほー）とYouTubeチャンネル「わっほーまっちゃんの日常」を始める。2022年 「太平洋クラブチャレンジトーナメント」 ABEMAツアー初出場を果たす。

「わっほーまっちゃんの日常」チャンネル

僕たちのYouTubeチャンネルでは、普段の太平洋クラブ成田コースでの練習の様子や試合の結果報告、対決動画を撮影して配信しています。ゴルフの調子が良い時もあれば、全然上手くいかない時もあり、いろいろなことがありますが、ツアーに出るために日々練習を重ねています。これからもYouTubeを続けて、皆さんがゴルフに行くきっかけや楽しさを知ってもらえるよう、僕たちも頑張っていきます。

ラウンドしながら楽しく学ぶ！
わっほーまっちゃん流
ゴルフの基礎と
トラブル対策

2024年11月30日　初版発行

編集人　佐々木 曜
発行人　志村 悟
印　刷　TOPPANクロレ株式会社
発行所　株式会社ブティック社
TEL：03-3234-2001
〒102-8620　東京都千代田区平河町1-8-3
https://www.boutique-sha.co.jp
編集部直通　TEL 03-3234-2071　販売部直通　TEL 03-3234-2081

PRINTED IN JAPAN　　ISBN：978-4-8347-9085-6

著　者　岩男健一（わっほー）
編　集　ナイスク（https://naisg.com/）
　　　　松尾里央　岸 正章　崎山大希　鈴木陽介
構　成　田中宏幸
デザイン　沖増岳二
撮　影　魚住貴弘　小林 靖
協　力　太平洋クラブ成田コース
　　　　プルーフコーポレーション

【著作権について】
© 株式会社ブティック社　本誌掲載の写真・イラスト・カット・記事・キット等の転載・複写(コピー・スキャン他)・インターネットでの使用を禁じます。また、個人的に楽しむ場合を除き、記事の複製や作品を営利目的で販売することは著作権法で禁じられています。万一乱丁・落丁がありましたらお取り替えいたします。

本選びの参考にホームページをご覧ください
ブティック社　検索
https://www.boutique-sha.co.jp